板書&イラストで
よくわかる

365日の全授業

小学校算数

4年
上

宮本博規・緒方　裕・園田耕久 編著
熊本市算数教育研究会 著

明治図書

INTRODUCTION

はじめに

　令和２年度から完全実施される小学校学習指導要領には，「主体的・対話的で深い学び」をはじめとした様々なキーワードが登場します。学習指導要領の大幅な改訂とともに，変えようとしてもなかなか変わらなかった授業が，もう限界だと言わんばかりに変わろうとする動きを見せ始めています。昭和，平成と来て，令和の時代はもう待ったなしなのです。このような動きは，本書『365日の全授業　小学校算数』の出版を大きく後押ししてくれました。

　本書は，その学年で扱われるすべての内容を取り上げ，文字通り「全授業」，板書を中心としてひと目で１時間の流れがわかるように工夫して紹介しています。

　「板書をメインに据えた１時間ごとの授業展開の本」はこれまでにも出版されてきましたが，この『365日の全授業』はひと味もふた味も違います。

　板書は，文字を白チョークで表す，貼付物は白地にするなど，実際の教室の黒板に近いリアリティを追究しています。また，予想される子どもの反応なども，できる限り細やかに吹き出しで位置づけ，実際の授業がよりイメージしやすいように仕上げています。

　また，１時間を４つの場面に分けて示した授業展開例では，「対話を通した学び合いの様子を具現化したい」という執筆者の思いから，ペア学習やグループ学習を行う場面を明示しています。子どもどうし，あるいは教師と子どものやりとりをできる限り具体的に示し，実際の授業をイメージしやすくしてあります。

　さらに，本書は２色刷りの特長を生かし，板書のポイントや教師の発問・指示を赤字で示すことで，よりわかりやすい紙面を実現しています。また，単元ごとにそのまま使えるワークシートも収録しています。

　本書の執筆者は，これまでの私の本にも幾多の実践原稿を提供し，ともに研鑽に励んできた熊本市算数教育研究会の研究仲間です。今回は，この研究仲間が自ら手をあげ，執筆学年，執筆単元を希望し，主体的に教材に向き合い，自分の実践を最大に魅力的に表現してくれました。

　一度原稿に落としたら終わりではなく，何度も学年検討会をもち，ブラッシュアップをして，書き直した原稿が私のもとに集まってきたのです。まさに，執筆者の姿も主体的・対話的であり，質の高い授業例を提供することができたと実感しています。

　そんな本書が，全国の多くの先生方の明日からの算数授業に少しでもお役に立てるならば執筆者一同こんなにうれしいことはありません。

　最後になりましたが，本書を書く機会を与えていただき，また編集にご尽力賜りました明治図書出版教育書編集部の皆様に，心より感謝申し上げます。

2020年２月

宮本　博規

本書の使い方

本時の内容を概説しています

本時のねらいと主な評価内容を示しています

教師の発問，指示，説明，評価言などは赤字で示しています

第5時　**小数のわり算**
商がわられる数より大きくなる？
小数÷小数（純小数でわる）

●**授業の概要**
本時は，前時に問題としてあがった「商がわられる数より大きくなる計算」に挑戦します。子どもにとって，商がわられる数より大きくなるのはとても違和感を覚える計算です。ここでは，わる数を少しずつ変化させながら，帰納的にそのパターンを探っていきます。

●**ねらい**
わる数と商の関係のパターンに気づき，純小数でわる意味を理解できるようにする。

●**評価**
■わる数と商の関係のパターンに気づき，わる数によって商の大きさを判断している。

商がわられる数より大きくなる？

3.6÷0.4 の答えは、3.6 よりも大きくなるのでしょうか。

3.6÷0.4　　3.6÷0.4になる問題をつくってみよう

0.4Lの重さが3.6kgのねん土があります。このねん土1Lの重さは、何kgでしょう。

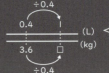

数直線で見ると大きくなりそう

ペア

❶□に小数を入れて立式する

わり算なのに，商がわられる数より大きくなる場合があるか考えよう。

わり算は，いつも小さくなると思う。

前の時間の練習問題では大きくなる計算があったのだけど…

子どもたちは，「わり算の商は常にわられる数より小さくなる」と考えています。
そこで，前時の練習問題に，純小数でわるわり算を入れていました。多くの子どもは単なる練習で計算しており，商とわられる数の大小関係には着目していないことが考えられます。導入では，その気づきを共有することから始めます。

❷商とわられる数の関係を予想する

具体的に，これまで学んだ問題に置き換えて考えてみよう。

数直線で考えると，確かに大きくなりそうな気がする。

これまでの学習を基に，3.6÷0.4という計算になる具体的な問題を通して，純小数でわって得られる商とわられる数との関係を調べることにします。既習事項である数直線図などを基にしながら，見通しをもたせます。
その際，わる数を変えるなど，条件を変えようとしている子どもを取り上げ，次の学習活動につなげます。

96　小数のわり算

本時の準備物を示しています ――― 本時で行われる対話的な学びの種類
（グループ学習，ペア学習）を示しています

| 準備物 | ・式用フリップ（提示用） | 対話的な学び | グループ学習　ペア学習 |

―――――― 板書のポイントは赤字で示しています

3.6÷□で、わられる数より商が大きくなるときの□に入る数を求めよう

式は掲示用フリップに書き、わる数の大きい順に並べて板書する

- 3.6÷1.2＝3
- 3.6÷1.1＝3.2727…
- 3.6÷1 ＝3.6
- 3.6÷0.9＝4
- 3.6÷0.8＝4.5
- 3.6÷0.7＝5.1428…

÷1がさかい目になっている！

試してみよう
2.4÷□

商はどうなるかな？
(1)　4.2÷0.7
(2)　4.2÷2.1
(3)　4.2÷0.3

わる数＞1…わられる数＞商
わる数＝1…わられる数＝商
わる数＜1…わられる数＜商

だんだん商が大きくなっていっている

―――――― その場面でペア学習やグループ学習が行われることを示しています

グループ　　　**グループ**

❸商とわられる数の関係を考える

3.6÷□の□にいろんな小数を入れて商とわられる数の関係を考えよう。

▶
わる数の順に式を並べてみよう。
÷1を境目に商の大きさにパターンがある。

わる数を小さい数から大きい数へ順に並べるというアイデアが子どもから出てくるように，板書の式はあえて提示用フリップに書き，後で入れ替えが可能な状態にしておきます。

❹本時の学習を振り返る

わる数によっては，商がわられる数より大きくなることもあるんだね。

÷1が，商とわられる数の大小関係の境目になっているよ。

▶
わられる数と商の関係を，式を並べることで明らかにしたね！

教師にとっては当たり前に思える商とわられる数との関係は，小数のわり算をはじめて学ぶ子どもたちにとっては大発見です。
そのパターン発見のために，本時は「式を順に並べる」という方法を使ったことも，学習内容とあわせて評価します。

第5時　97

本書の使い方　5

CONTENTS

目次

購入者特典について
本書に収録されているすべてのワークシートと教科書（東京書籍，啓林館）対応版の単元確認テストを，右のQRコード，または下記URLより無料でダウンロードできます。

URL　　　：https://meijitosho.co.jp/423418#supportinfo
ユーザー名：423418
パスワード：365math4

はじめに

本書の使い方

第1章　授業づくりのポイント

1　学習内容とポイント ………………………………………………………………012
2　対話的な学び・学び合いのポイント ……………………………………………014
3　算数が苦手な子どものための支援のポイント …………………………………016

第2章　365日の全授業　4年上

折れ線グラフ　　　　　　　　　　　　　　　　　　　　　全9時間

単元について ……………………………………………………………………………018

第1時　プールの温度はどう変わるのかな【変化の様子の考察】………………020
第2時　折れ線グラフを読み取ろう【値の読み取りと変化の仕方の大きさ】…022
第3時　折れ線グラフに表そう【折れ線グラフのかき方】………………………024
第4時　変わり方をくらべよう【2つの折れ線グラフの考察】…………………026
第5時　どうすれば見やすいグラフになるかな【途中を省いた形のグラフのかき方】…028
第6時　2つのグラフをくらべてみよう【目盛りの大きさが異なる2つのグラフの考察】…030
第7時　いろいろなグラフを見てみよう【組み合わせたグラフの読み取り】…032
第8時　グラフに表し，発表しよう(1)【データの考察(1)】……………………034
第9時　グラフに表し，発表しよう(2)【データの考察(2)】……………………036

ワークシート 038

わり算の筆算(1) 　　　　　全12時間

単元について 040

第1時　1人分は何まいかな(1)【答えが何十，何百になるわり算】 042

第2時　1人分は何まいかな(2)【2位数÷1位数】 044

第3時　72÷3の筆算のしかたを考えよう【2位数÷1位数の筆算】 046

第4時　あまりがある筆算のしかたを考えよう【あまりのある2位数÷1位数の筆算】 048

第5時　筆算でやってみよう(1)【商の一の位に0が立つ2位数÷1位数の筆算】 050

第6時　774÷3の筆算のしかたを考えよう【3位数÷1位数の筆算】 052

第7時　筆算でやってみよう(2)【商の一や十の位に0が立つ3位数÷1位数の筆算】 054

第8時　255÷3の筆算のしかたを考えよう

　　　　【商の百の位に答えが立たない3位数÷1位数の筆算】 056

第9時　どんな式になるのかな【何倍かを求めるわり算】 058

第10時　□をつかって考えよう【1とみる大きさを求めるわり算】 060

第11時　暗算でできるかな【わり算の暗算】 062

第12時　計算まちがいをさがそう【筆算の間違い探し，4位数÷1位数の筆算】 064

ワークシート 066

角と三角じょうぎ 　　　　　全8時間

単元について 068

第1時　どちらの角が大きいかな【角の大きさと開き具合】 070

第2時　分度器で角の大きさをはかろう【分度器の仕組みと使い方】 072

第3時　角の大きさは何度かな【分度器を使った角度の測定】 074

第4時　角度のはかり方を考えよう【180度より大きな角の測り方】 076

第5時　60度の角をかいてみよう【分度器を使った角の作図】 078

第6時　三角形をかいてみよう【分度器を使った三角形の作図】 080

| 第7時 | いろいろな角度をつくろう【三角定規を組み合わせてつくる角(1)】 | 082 |
| 第8時 | 180度をつくろう【三角定規を組み合わせてつくる角(2)】 | 084 |

単元末の確認問題 086

垂直・平行と四角形　　　　　　　　全14時間

単元について 088

第1時	たからさがしをしよう【垂直の意味】	090
第2時	垂直な直線をかこう【垂直な直線の作図】	092
第3時	交わる？　交わらない？【平行の意味(1)】	094
第4時	平行な直線にもっとくわしくなろう【平行の意味(2)】	096
第5時	平行な直線をかこう【平行な直線の作図】	098
第6時	方眼を使って垂直や平行を見つけよう【方眼を活用した垂直・平行の見つけ方・かき方】	100
第7時	四角形くじ引きをしよう【台形・平行四辺形の定義】	102
第8時	平行四辺形にくわしくなろう【平行四辺形の性質】	104
第9時	平行四辺形をかこう【平行四辺形の作図】	106
第10時	何が同じ？　何が変わった？【ひし形の定義や性質】	108
第11時	ひし形をかこう【ひし形の作図】	110
第12時	四角形をしきつめよう【四角形の敷き詰め】	112
第13時	四角形の対角線の特ちょうを調べよう【四角形の対角線】	114
第14時	平行四辺形や長方形を変身させよう【合同や対称の素地】	116

ワークシート 118

一億をこえる数とそのしくみ　　　　　全6時間

単元について 120

| 第1時 | 一億をこえる数を調べてみよう【一億をこえる数の読み方，書き方】 | 122 |
| 第2時 | 一兆をこえる数を調べてみよう【一兆をこえる数の読み方，書き方】 | 124 |

第3時	3億4000万はどんな数かな【数の構成的な見方，相対的な見方】	126
第4時	整数のしくみを調べよう【整数の仕組み】	128
第5時	工夫して計算しよう【数の相対的な見方を活用した計算】	130
第6時	筆算のしかたを考えよう【3位数×3位数の筆算の仕方】	132

ワークシート 134

わり算の筆算(2)　　　　　　　　　　　　　　　　全12時間

単元について 136

第1時	わり算の筆算のしかたを復習しよう【1桁でわるわり算の復習】	138
第2時	何十÷何十の計算のしかたを考えよう(1)【何十÷何十の計算の仕方】	140
第3時	何十÷何十の計算のしかたを考えよう(2)	
	【あまりのある何十÷何十の計算の仕方】	142
第4時	96÷32の計算のしかたを考えよう【2位数÷2位数の筆算の仕方】	144
第5時	225÷45の計算のしかたを考えよう【3位数÷2位数（商が1桁）の筆算の仕方】	146
第6時	商が大きすぎるときの筆算のしかたを考えよう【仮商の修正のある筆算の仕方】	148
第7時	782÷34の筆算のしかたを考えよう【3位数÷2位数（商が2桁）の筆算の仕方】	150
第8時	大きな数のわり算の筆算のしかたを考えよう	
	【4位数÷2位数（商が3桁）と4位数÷3位数（商が2桁）の筆算の仕方】	152
第9時	25でわるわり算のひみつをさぐろう【2桁でわるわり算の筆算の習熟】	154
第10時	わり算ビンゴをしよう【わり算に関して成り立つ性質】	156
第11時	わり算のせいしつを使って考えよう【わり算の性質を活用した計算の工夫】	158
第12時	学習のたしかめをしよう【学習内容の確認】	160

ワークシート 162

がい数　　　　　　　　　　　　　　　　　　　全8時間

単元について 164

目次　9

第1時　だいたいいくつかな【がい数の表し方】 ································· 166

第2時　がい数にする方法を考えよう【四捨五入の表し方】 ················ 168

第3時　何万さつと言えばいいのかな【一万の位までのがい数】 ··········· 170

第4時　上から1けたのがい数で表そう【上から1桁のがい数の表し方】 ···· 172

第5時　約500のはんいを考えよう【四捨五入によるがい数の範囲】 ········ 174

第6時　がい数を使おう【がい数の利用】 ·································· 176

第7時　千の位までのがい数にしよう【がい算による和・差の見積もり】 ···· 178

第8時　およそ何円かな【がい数による積・商の見積もり】 ················ 180

ワークシート ·· 182

第1章 授業づくりのポイント

1 学習内容とポイント………………………………………012

2 対話的な学び・学び合いのポイント……………………014

3 算数が苦手な子どものための支援のポイント…………016

第1章 授業づくりのポイント

1 学習内容とポイント

本書4年上に収録されているのは以下の内容です。

単元	時数	節（時数）
1．折れ線グラフ	9時間	折れ線グラフのよみ方と表し方（5時間） 組み合わせたグラフやいろいろなグラフ（2時間） グラフに表してみよう（2時間）
2．わり算の筆算(1)	12時間	答えが何十，何百になるわり算（1時間） 2けた÷1けたの筆算（4時間） 3けた÷1けたの筆算（3時間） 倍の計算（2時間） 暗算（1時間） まとめ（1時間）
3．角と三角じょうぎ	8時間	角の大きさ（2時間） 分度器の使い方（4時間） 三角じょうぎでできる角（2時間）
4．垂直・平行と四角形	14時間	直線の交わり方（2時間） 直線のならび方（4時間） いろいろな四角形（6時間） 対角線と四角形の特ちょう（2時間）
5．一億をこえる数とそのしくみ	6時間	一億や一兆をこえる数とそのしくみ（4時間） 大きな数の計算（2時間）
6．わり算の筆算(2)	12時間	わり算の筆算の復習（1時間） 何十でわるわり算（2時間） 商が1けたになる筆算（3時間） 商が2けた，3けたになる筆算（3時間） わり算のせいしつ（2時間） たしかめ（1時間）
7．がい数	8時間	がい数の表し方（6時間） がい数の計算（2時間）

この学習内容を領域ごとに整理してみると，4年上7単元中，「2．わり算の筆算(1)」「5．一億をこえる数とそのしくみ」「6．わり算の筆算(2)」「7．がい数」の4単元が「数と計算」領域に，また，「3．角と三角じょうぎ」「4．垂直・平行と四角形」の2単元が「図形」領域に，「変化と関係」領域として，「1．折れ線グラフ」があります。つまり，3年上は「数と計算」領域が中心となって学習が展開されるわけです。

　思考力・判断力・表現力等を育成するポイントを領域ごとに述べると次のようになります。
　「数と計算」領域では，数やその表現の仕方及び数量の関係に着目するとともに，数の表現方法を統合的に捉え，目的に合わせて考察したり，それらを日常生活に生かせるようにしたりします。数の表現においては，一，十，百，千という繰り返しに気づき，今までの学習を統合的に捉え，日常生活の中で，目的に応じて切り上げ，切り捨て，四捨五入等を用いて数を概数で表すことを学びます。また，数量の関係に着目して，わり算の計算の仕方を考えたり，計算に関して成り立つ性質を見いだしたりするとともに，計算に関して成り立つ性質を活用した計算の工夫やその確かめができるようにします。
　例えば，わる数が1位数や2位数の場合のわり算の計算で，既習の商の見当をつけるといった考えを活用し，商が同じになるわり算の式をいくつもつくる活動を通して，わり算に関して成り立つ性質「わる数及びわられる数に同じ数をかけても，同じ数でわっても商は変わらない」を帰納的に見いだしたり，わり算に関して成り立つ性質を活用して計算の工夫をしたりすることを学びます。
　「図形」領域では，平面図形及び立体図形を平行・垂直などの図形を構成する要素に着目しながら，図形の性質や位置の表現方法を見いだし，それを基に既習の基本図形を捉えなおしたり，日常の事象の考察に生かしたりします。
　例えば，平面図形を，構成要素の1つである辺を直線とみなし，その直線の位置関係（平行，垂直）に着目して分類したり，平行が何組あるかという視点から，既習の正方形，長方形を振り返り統合的に捉え直したりします。また，図形の計量の視点から図形を構成する要素に着目し，角の大きさの表現の仕方について考察できるようにしていきます。
　「変化と関係」領域では，伴って変わる2つの数量を見いだして，それらの関係に着目し，表や式を用いて変化や対応の特徴を考察します。ある1つの数量を調べようとするとき，それと関係のある他の調べやすい数量を使って調べられないかと考えたり，見いだされた2つの数量の関係を，表や式を用いて表し，変化や対応の特徴を考察したりします。また，日常の事象における数量の関係に着目し，図や式などを用いて，ある2つの数量の関係と別の2つの数量の関係との比べ方を考察します。

第1章　授業づくりのポイント　13

2　対話的な学び・学び合いのポイント

❶対話による相互作用で，考えの変化や深まりを引き出す

　黒板の前で教師が発問や指示をして，挙手した子どもが答えながら授業を進めるという，一斉指導の授業スタイルでは，主体的・対話的で深い学びを実現することはできません。

　一斉指導では，往々にして発言した子どもだけで学習が展開されていくので，発言をしない子どもがいても授業は成立するからです。教師は常々自らの授業を見直しながら，子ども一人ひとりが主体的・対話的で深い学びができるような授業スタイルを研究し続けなければなりません。それは，1つの方法ではなく，学習の目的や子どもの実態，それに学習環境，教師自身の授業観によって多様なものになるはずです。

　大事なことは，「対話」による相互作用によって，自分の考えが変化したり，深まったりするということです。漠然としていた自分の意見を相手に話してみることによって，考えがより明らかになることがあります。また，相手の意見を聞いてみて「なるほど，そうだな。相手の意見に賛成できる」とか「確かにそうだが，自分の意見とはここが違うな」と自分の考えが向上的に変容していくこともあるでしょう。このような相互作用による学習のことを「協働的な学習」と捉えることができます。

　さて，本書でも協働的な学習を行うことによって相互作用を起こし，その過程の中で知識の再構成が可能となる授業実践が多く紹介されています。

　例えば「垂直・平行と四角形」では，ひし形や台形の敷き詰め模様を観察し，気づきを伝え合う場面で，右のようなペア対話を取り入れています。

第12時のペア活動

　相互作用を起こすには，まずそれぞれの学習者が自らの考えをもつ必要があります。そのうえでそれらを出し合いながら対話を行い，考えの変化や深まりを求めていくわけです。

　また，振り返りも重要です。対話は，他者との話し合いだけを指すものではなく，自己の中に内面化していく活動でもあるからです。

　しかし，授業の中で，内面化が生じたのかどうかをその場で検証することは難しいものです。特に小集団での話し合いの中では曖昧になってしまいがちです。だから，話し合いの後は，「何を学んだのか」を記述することが必要になってきます。つまり，対話においては，「話す」だけではなく，「聴く」「書く」ということが極めて重要な要素になります。ですから，学習の最後にしっかりと振り返りの時間を設け，「自分が学んだ内容（内容知）」と「自分が行った学習方法（方法知）」について記述することが大事になるのです。

❷「取り上げ・つなぎ・問い返す」で学び合いを支える

　学び合いのおおまかな流れを図で示すと右のようになります。子どものいろんな反応の中から，どれを取り上げるかを決め，その反応を基に他の反応や様々な意見をつなぎ，さらには教師の問い返しによって，本時の数理を捉えた反応を共通理解し，まとめにつなげるのです。

　授業によっては，子どもの反応を2つ出して比較する場合や，多くの反応から分類整理をする場合も出てきます。

　最高の学習素材である子どもの反応をどのように料理していくかは，教師の腕にかかっています。特に，子どもの考えをどのようにつなぐかは，教師の腕の見せどころです。

　本書でもこの対話を通した学び合いの様子が少しでも読者の皆様にわかっていただけるように，板書や授業場面を工夫しています。

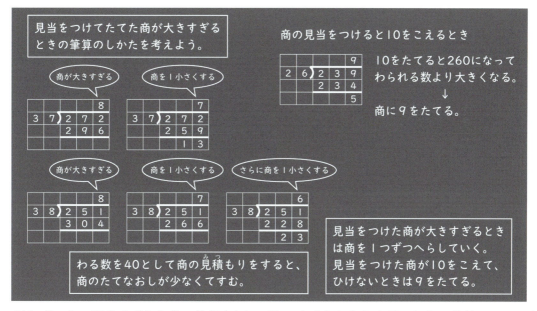

　例えば，上の板書は「わり算の筆算(2)」の第6時「商が大きすぎるときの筆算のしかたを考えよう」の一部ですが，授業の中で試行錯誤しながら学び合っている様子が黒板上にも表れるように，吹き出しで子どもの考えを位置づけながら整理しています。

3 算数が苦手な子どものための支援のポイント

❶問題提示を工夫する
　どんなにわかりやすい授業にする工夫をしても，子どもが最初から問題に興味を示してくれなければ何も始まりません。ブラインドや比較提示などの手法が有効です。

❷理解が容易な表現に変えて説明する
　ある表現様式を用いて説明しても，それがうまくいかなかったら，理解しやすい表現様式を用いて説明してみることが大切です。

言語的表現（言葉）

図形的表現（図や絵）

操作的表現（数図やブロック）

現実的表現（実物を見せる）

❸黒板の絵や図と同じもので説明する
　黒板に貼ってある絵や図と同じものが自分のノートにあると子どもの安心感が増します。

❹「書く」と「貼る」を上手に使い分ける
　問題やめあてが書かれた紙を教師のペースでポンポン貼ると，その速さについていくことが難しい子どもがいることを忘れないようにしましょう。

❺子どもの「気持ち」を捉え，黒板に書き込む
　いわゆる正解や，正しい考え方だけでなく，「わからない」「えっ？」「なんで？」「なるほど」など，子どもの気持ちが表れた素朴なつぶやきなどを黒板上で可視化することも大切です。

❻授業の中心となる問題と練習問題の間に「類題」を入れる
　授業の中心となる問題を解決した後，すぐに練習問題に取り組ませるのではなく，間に「類題」を入れて授業を組み立てます。たったこれだけでも，知識や技能の定着具合が大きく変わってくることがあります。

❼発問・指示，説明を簡潔・明瞭にする
❽個別指導の後，もう一度全体にその効果を確認する
❾ICTを活用する
　ペアやグループを生かした学び合いは，算数が苦手な子どもに安心感を与えます。その際に，タブレットや電子黒板などICTを適宜活用すれば，学習意欲の向上や知識・技能の定着において大きな効果をもたらします。

❿子どもの姿をしっかり見取る
　基本的なことにもかかわらず忘れがちなことですが，めあてを提示する場面や自力解決の場面，ペアやグループでの交流の場面，全体交流の場面，適用・まとめの場面など，授業のあらゆる場面において，個々の子どもの姿をしっかり見るという意識は大切です。

（緒方　裕）

第2章 365日の全授業 4年上

折れ線グラフ	全9時間
わり算の筆算(1)	全12時間
角と三角じょうぎ	全8時間
垂直・平行と四角形	全14時間
一億をこえる数とそのしくみ	全6時間
わり算の筆算(2)	全12時間
がい数	全8時間

折れ線グラフ

全9時間

1 単元の目標と評価規準

　折れ線グラフの読み方や表し方を理解させ，複数系列のグラフや組み合わせたグラフを読み取ったり，グラフに表して導いた結論について考察したりする中で，折れ線グラフについての見方や感覚を豊かにする。

知識・技能	折れ線グラフの特徴とその用い方を理解している。 複数系列のグラフや組み合わせたグラフの読み取りができる。
思考・判断・表現	目的に応じて，データの特徴や傾向に着目し，適切なグラフを判断したり，その結論について考察したりしている。
主体的に学習に 取り組む態度	折れ線グラフを進んで読んだり表したりする中で，それらが使われる場面について考えようとしている。

2 単元の概要

(1)教材観・指導観

　本単元は，折れ線グラフの読み方や表し方を理解できるようにすることを主なねらいとしています。また，自ら目的に応じてデータを集め，適切なグラフを選択して表すことや，表されたグラフについて考察することもねらいとしています。そこで，まずは基本的な折れ線グラフの読み方や表し方を通して理解を深めていきます。さらに，複数系列のグラフや組み合わせたグラフの読み取りを進めます。さらに，自らが表したグラフについて考察していきます。

　指導にあたっては，まず折れ線グラフの要素について確認をしていきます。また，棒グラフと違い，変化の様子を表すという特徴を捉えながら，グラフのデータを読み取れるようにします。さらに，自らがデータを選択してグラフに表し，その結果を考察する過程を通して，思考力，判断力，表現力をはぐくみます。

(2)数学的活動について

　本単元では，グラフから読み取ったデータを考察することや，自らグラフに表し表現する活動を行います。

データを考察する際には，グラフの見かけや印象だけでなく，目盛りの幅や省略部分なども考慮しながら，正しくデータを読み取る必要があります。

また，自分の考えを説明する活動を意図的に設定することで，データをグラフに表し，その結果を考察したことを振り返りながら理解を深めていきます。さらに，相手を意識して説明をする経験を行うことで，思考の深まりと数学的な表現力の高まりが期待されます。

3 単元の指導計画（全9時間）

節	時	学習活動
折れ線グラフの よみ方と表し方	1	水温の変化の様子に関心をもち，折れ線グラフを知り，折れ線グラフの特徴を捉える。
	2	折れ線グラフのデータを正確に読み取り，傾きが急であるほど変化が大きいことを捉える。
	3	折れ線グラフの表し方を理解し，グラフに表す。
	4	複数系列のグラフを知り，その特徴を読み取る。
	5	省略部分がある折れ線グラフについて知り，省略の範囲を考えてグラフに表す。
組み合わせたグラフ やいろいろなグラフ	6	目盛りが異なるグラフを考察する中で，より適切なグラフにつくり替えて考察を深める。
	7	組み合わせたグラフについて知り，それぞれのデータを関連づけながら読み取る。
グラフに 表してみよう	8	データを基に折れ線グラフに表し，その結果を考察する。
	9	作成した折れ線グラフやその考察を発表する。

第1時　折れ線グラフ
プールの温度はどう変わるのかな
変化の様子の考察

●授業の概要

　本時は，折れ線グラフの特徴である変化の様子に目を向けさせることを目標とします。棒グラフは，その時刻の温度ははっきりするものの，どのように変化しているのかがわかりにくいグラフです。そこで「プールに入れるのは水温25度以上のとき」という条件を加えることで，自然と水温の変化の様子に目を向けさせます。

●ねらい

　棒グラフとの比較から，変化の様子を表す折れ線グラフの特徴を理解することができるようにする。

●評価

■変化の様子がわかりやすいという折れ線グラフの特徴を理解している。

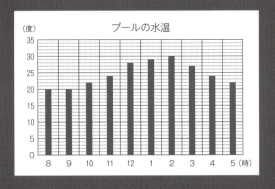

プールの温度はどう変わるのかな

時こく（時）	8	9	10	11	12	1	2	3	4	5
水温（度）	20	20	22	24	28	29	30	27	24	22

・2時が一番高い。
・8時と9時は同じ。

ペア

❶プールの水温がどう変わるか考える

プールの水温はどう変わっていくかな？

9時は少し上がって21度くらいかなぁ。

時刻（時）	8	9	10	11	12	1	2	3	4	5
水温（度）	20									

　穴埋め形式で表を提示します。教師が温度を伝えていきますが，その前に何度なのか予想をさせます。
　「上がる」「下がる」という予想だけでなく，何度変化するのか，その変化の量にも目を向けられるような言葉かけを行います。

❷棒グラフに表し，新たな課題を見いだす

棒グラフにすると見やすいね。

プールに入れるのは，25度以上のときです。何時から何時までかな？

12時から3時まででいいのかなぁ…

　棒グラフに表すことで，それぞれの時刻の水温はわかりやすくなります。ここで，変わり方に目を向けさせるために「プールに入れるのは，水温25度以上のときです」とつけ加えます。
　棒グラフ上では，12時から3時までと読み取れますが，ここで一度立ち止まって，ペアで話し合いをさせます。そして，子どもから「途中がわからない」という言葉を引き出します。

準備物	・棒グラフ（提示用） ・折れ線グラフ（提示用）	対話的な学び  グループ学習	ペア学習

25度以上だと、何時から何時まで入れるのかな？

○12時から3時までだと思うけど…
○11時すぎには入れるんじゃない？
○11時と12時のとちゅうがわからない。
○3時と4時のとちゅうもわからない。
○11時すぎには25度になっている。
　4時前まで入れそう。

最初は点のみで示す

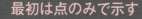
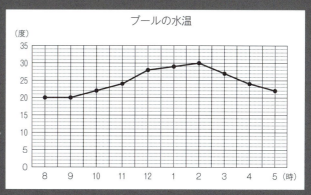

これからの学習　折れ線グラフ
・変化の様子がわかりやすい。
・点とそれらを結ぶ直線で表されている。

❸棒グラフの頂点から折れ線グラフをつくる

棒グラフのどこを見たら，変わり方がわかるのかな？

棒の先と温度のところかなぁ…

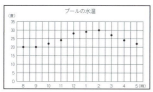

　変わり方を知るためには，どこを見ればよいかを考えると，自然と棒グラフの先端部分に着目すると予想されます。そこで，先端部分だけを点で表したグラフを黒板に表します。
　すると，「点と点をつなぎたい」という意見が出ることが予想されます。

❹折れ線グラフに表し，変化の様子を確認する

11時過ぎには入れそう。

4時前まで大丈夫。

このように，変化の様子がわかりやすいグラフを折れ線グラフと言います。

　ここでは折れ線グラフを大まかに捉えます。変わり方が読み取りやすいと実感させることが大切です。
　また，極端にずれることはないですが，実際の水温の変化は直線ではないので，「11時過ぎ」「4時前」は，目安であることにも触れておきます。

第1時　21

第2時　折れ線グラフ
折れ線グラフを読み取ろう
値の読み取りと変化の仕方の大きさ

●授業の概要
本時は，折れ線グラフの読み取りを行います。前半は縦軸と横軸に目を向けさせます。後半では，グラフの傾きから，変化の大きさに目を向けさせます。また習熟の時間として，ペアやグループでお互いに問題を出し合う時間を設けます。なお，前時でつくった折れ線グラフを使用します。

●ねらい
折れ線グラフの読み方や，傾きと変化の大きさの関係を理解することができるようにする。

●評価
■折れ線グラフを読むことができる。
■折れ線グラフの傾きと変化の大きさの関係を読み取ることができる。

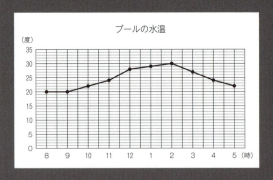

○プールの水温を表したグラフ
○横が時こくで，たてが水温

○12時　→　28度
○一番水温が高い　→　2時

ペア

❶折れ線グラフの要素を確認する

縦軸や横軸は何を表しているかな？
縦の1目盛りは何度かな？

縦は温度，横は時刻です。
1目盛りは1度になっています。

グラフの表題，横軸や縦軸が何を表しているのか，またその単位など，読み取りに必要な基本的な事項を確認します。また，1目盛りが何度を表すかなども確認します。
　ここまでの内容は，棒グラフの際に学んだこととほぼ同じなので，子どもたちも自信をもって答えることでしょう。

❷プールの水温がどう変わるか考える

12時の水温は何度かな？
一番水温が高いのは何時かな？

12時は28度です。
一番水温が高いのは2時です。

時刻を基に水温を見ることや，水温を基に時刻を見ることなど，縦軸と横軸を使ったグラフの読み方についての習熟の時間を設けます。これも棒グラフの読み取りと似ています。
　また，ある程度慣れてきたら，ペアをつくり，お互いに問題を出し合う時間を設けます。グループで行ったり，ペアを替えたりしてもよいでしょう。

準備物	・折れ線グラフ（提示用） ・車の絵（提示用）	対話的な学び  グループ学習 ペア学習

水温が上がっているのは
何時から何時かな？

○9時から2時

○9時…20度　　10時…22度
　11時…24度　　12時…28度
　1時…29度　　2時…30度

↓

水温を見なくてもわかるよ！
どこを見ればいいのかな？
○右に上がってるときは、
　水温が上がってる。

右に下がってるときは、
水温も下がってる。

何時から何時が、
一番水温が上がっているのかな。

○計算しなくてもわかるよ。
　11時から12時のところだけ急に上がってる。

車の絵は
動かせるとよい

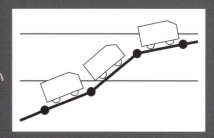

・ふえる→右上がり　へる→右下がり　同じ→まっすぐ
・ふえ方、へり方は、かたむきが大きいほど変化が大きい

❸変化の様子をグラフの傾きを基に考える

水温が上がっているのは
何時から何時かな？

9時から2時かな…

　最初は、何時から何時まで水温が上がっているのかを問います。その際、水温の値ではなく、グラフの傾きに着目している子どもに、「どこを見て考えたのか」指をさしてもらいます。
　そこから、クラス全員にグラフが右上がりの際は、数値が上昇していることに気づかせます。右下がりも同様です。

❹傾きの大きさに着目する

一番水温が上がっているのは
何時から何時かな？

11時から12時かな。でも、計算しなくてもわかるかも。

11時から12時は、線が急に上がってる。

　前の段階で、値ではなく傾きに着目していれば、この問題でも傾きに着目する子どもが増えるはずです。
　傾きの大きさを視覚的にわかりやすくするために、車の絵を用いています。車に、人を乗せた絵などをつけ加えると、感覚的にもさらにわかりやすくなります。

第2時　23

第3時 折れ線グラフ
折れ線グラフに表そう
折れ線グラフのかき方

● 授業の概要

本時は，前時と同じ気温のデータを使い，折れ線グラフのかき方を指導します。

大切なことは，①表題，②横軸と③縦軸の目盛りと数値，単位を漏れなく書くこと。さらに④点を打つ，⑤点を結ぶという動作を確実に行うことができるようにすることです。

● ねらい

折れ線グラフの表し方を理解し，グラフに表すことができるようにする。

● 評価

■ 折れ線グラフの表し方を理解している。
■ データを折れ線グラフに表すことができる。

折れ線グラフに表そう

時こく（時）	8	9	10	11	12	1	2	3	4	5
気温（度）	19	20	23	27	30	29	28	26	23	19

グラフに表すためにひつようなこと
① 表題を書く。
② 横のめもりと単位を書く。
　めもりの数字は線の真下に書く。

③ たてのめもりと単位を書く。
　一番高いのは30度。
　それが入るようにめもりをとる。

ペア

❶ 折れ線グラフの要素を確認する

折れ線グラフに表す前には，準備が必要です。何を書けばいいかな？

グラフの題名と，後は何かなぁ…

グラフに表す準備として，まず何を書けばよいのかを確認します。ペアで確認するのもよいでしょう。

前時までの学習を振り返ったり，棒グラフのかき方で学んだことを思い出したりすることが大切です。それぞれの学習では，知識を分けて考えるのではなく，関係づけたり活用したりする態度を養いたいものです。

❷ 軸と目盛りの書き方を確認する

横軸の時刻の数字はどこに書けばよいかな？

棒グラフのときと同じでいいのかな。でも，何か変だな…

縦も横も軸を書くときに忘れてはいけないのが，数値や単位です。

また，横軸では棒グラフと違い，線の真下に数字を書くことになります。なぜそこに書くのかを踏まえて確認します。

縦軸の場合は棒グラフと同じです。一番高い数値が入るように確認をします。

24　折れ線グラフ

準備物	・折れ線グラフ（提示用）	対話的な学び	

グループ学習

ペア学習

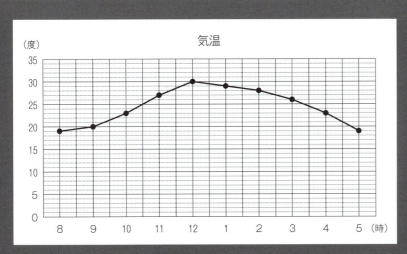

はじめとおわりが
0でないことを確認する

折れ線グラフの表し方
①表題　②横じく　③たてじく　④点を打つ　⑤点を結ぶ

④それぞれの時こくの気温を表すところに点をうつ。
⑤点を直線で結ぶ。

※ミスがないか見直しましょう。

❸ 点を打って直線で結ぶ

点を打つときはどこを見るのかな？

最初に時刻を見て…それから気温を見て…縦と横を見るのかな。

　点を打つときが，一番ミスをしやすいものです。時刻と気温をしっかり確認しながら点を打つよう促します。実際にかく前に，黒板に向かって手を動かしながら確認するのもよいでしょう。
　最後は点を直線で結びます。このとき，最初と最後を0に結ぶ子どももいます。なぜ0につなげないのかを確認します。

❹ グラフの表し方を振り返る

折れ線グラフの表し方を振り返ろう。

最初は，表題を書いて，縦と横の目盛りを書きます。

それから，点を打って，それを直線で結びます。

　折れ線グラフの表し方をもう一度振り返ります。確実に表すことができることはもちろんのことですが，これまでのグラフと同じ点や違う点などを確認すると，今後の学習にもつながります。

第3時　25

第4時 変わり方をくらべよう

折れ線グラフ

2つの折れ線グラフの考察

●授業の概要
本時は，これまで学習した水温と気温のグラフを比較します。

同じ日の気温と水温の変化がどう違うかを考える中で，グラフが2つだと見にくい，まとめたいという思いを引き出します。その後，2つのグラフを1つにまとめていきます。

●ねらい
複数系列のグラフを知り，その特徴を読み取ることができるようにする。

●評価
■複数系列のグラフを知り，表すことができる。
■複数系列のグラフを読み，その特徴を読み取ることができる。

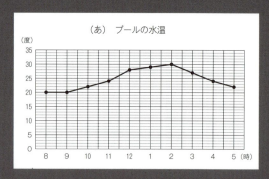

○2まいだと見づらい。
○なんとなく同じに見える。
○よくわからない。
○まとめられないかな。

---

❶ （あ），（い）2つのグラフを比較する

「水温と気温の変化の仕方はどう違うかな？」

「（あ）と（い）を並べてみても難しいなぁ…。2枚だと見づらい。」

（あ），（い）の2つのグラフを比べるという目標を立てることで，比べやすくしたいという子どもの思いを引き出します。

また，2枚だと見づらい，まとめたいという言葉を基に，2つのグラフを1つにするという活動に移っていきます。

❷ 2つのことがらを重ねてグラフに表す

「一緒にかくと，どちらがどちらかわかりづらいね。」

「どちらかわかるように，名前を書くといいよ。」

「色を変えてもいいんじゃないかな。」

前時のグラフ（気温）を使って，水温のグラフを重ねてかきます。

このとき，どちらがどちらを表すか，グラフ内に名前を書くようにします。

また，線の色を変えたり，点線で表したりしてもよいでしょう。

準備物	・折れ線グラフ（提示用）	対話的な学び	 グループ学習	ペア学習

（あ），（い）2枚を並べることで
比べにくさを実感させる

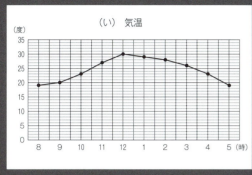

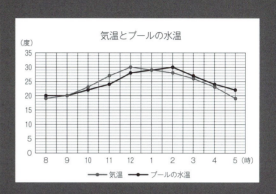

○2つのグラフを1つにしよう。
・どちらかわかるように、気温、水温と書く。
・色を変える（点線を使う）

重ねてかくと、変化の様子のちがいがよくわかる。

ペア

❸比べた気づきを出し合う

同じ温度になる時刻はあるかな？

 9時と1時は同じです。
2時になると，気温より水温の方が高くなります。

　重ねてかいたことで，変わり方の比較がわかりやすくなったことを確認します。
　特に，それぞれのグラフの山の頂点がずれていることや，途中で温度が同じになること，追い越す場面があることなどを，問題形式で確認します。

❹ペアで問題を出し合う

ペアで問題を出し合おう。

 ぼくは同じ温度の問題を出そうかな。

 わたしは温度の違いを問題にしよう。

　第2時と同じようにペアで問題を出し合わせます。変化の仕方，同じ時刻の温度の違い，一番高い温度について，同じ温度についてなど，様々な問題が考えられます。
　グラフに表すだけでなく，表した結果，比べやすくなったということが実感できるはずです。よい問題があれば全体で考えてもいいですね。

第4時　27

第5時 折れ線グラフ
どうすれば見やすいグラフになるかな
途中を省いた形のグラフのかき方

●授業の概要
　本時からは，本の貸し出し冊数を基に考えていきます。
　まずは省略しない形のグラフに表します。その中で，書きづらさや読みにくさを実感させます。そこから，どのようなグラフなら表しやすく見やすいのかを考え，途中を省いた形のグラフに表していきます。

●ねらい
　省略部分があるグラフについて知り，省略の範囲を考えてグラフに表すことができるようにする。

●評価
■データを基に，省略の範囲を考えた折れ線グラフに表すことができる。

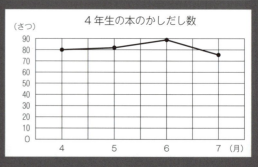

❶省略がない折れ線グラフに表す

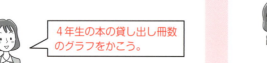

　まずは，省略しない形のグラフに表します。途中でかきづらさを感じることと思います。また，でき上がったグラフを見ても，変化の仕方がよくわかりません。

❷変わり方がわかりやすいグラフを考える　グループ

　書きづらさに関しては，子どもたちも実感することでしょう。加えて，傾きが少ないのでわかりづらいということも押さえたいところです。また，グループで話し合わせることで，上の部分だけでよいという意見や，下の部分はいらない，目盛りを大きくしたいという意見が出ると予想されます。

| 準備物 | ・折れ線グラフ（提示用） | 対話的な学び | グループ学習 | ペア学習  |

○かきづらい。
○見にくい。
　変わり方がよくわからない。
　（かたむきが小さい）

○上のところだけでいい。
○70から下はいらない。
○めもりを大きくすると、
　かきやすくなりそう。

書きづらさ、
見にくさを、
子どもの言葉で

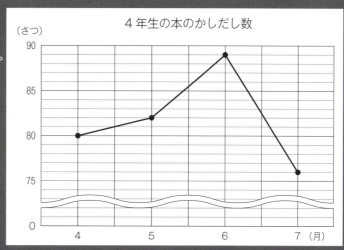

波線を使って、めもりのとちゅうをはぶくこともできる。
1めもりが広くなって変わり方が見やすくなる。

❸途中を省いた形のグラフに表す

省略はこのようにかきます。
では、縦の目盛りは、どこからどこまで示せばいいかな？

 76冊から、89冊でいいのかな？　でも、中途半端な気がするなぁ…

❹省略する前と後の2つのグラフを比較する

2つのグラフを比べてみよう。

 変わり方がよくわかるようになりました。

 1目盛りの幅が大きくなったからかな。

　省略のかき方は最初に黒板で見本を示します。
　実際にかき始める前に、縦の目盛りの範囲を考えます。どの範囲にすればよいかを確認します。目盛りについては、数値ぴったりにしたがる子どもも多いと予想されます。書きづらさや見やすさなどを考え、5や10など、きりがよい数を目安にするようにします。

　かきやすくなっただけでなく、1目盛りの幅が大きくなったことや、それにより変わり方が見やすくなったことを確認します。特に、最初に表したグラフと比べることで、新しいグラフのよさも再確認できるはずです。
　時間があれば、類題を解くこともよいでしょう。

第6時　**折れ線グラフ**
2つのグラフをくらべてみよう
目盛りの大きさが異なる2つのグラフの考察

● 授業の概要

本時は，2つの折れ線グラフを比べます。一見すると，傾きから3年生は平均して貸し出し冊数が多いように見えます。

しかし，これは縦軸の目盛りの違いからきています。そこに気づき，このような見かけに惑わされない力をつけることは，データの活用において重要なことです。

● ねらい

目盛りが違う2つのグラフを比べることで，グラフから正しい結果を考察したり，読み取ったりすることができるようにする。

● 評価

■2つのグラフを比べ，その結果を正しく読み取ることができる。

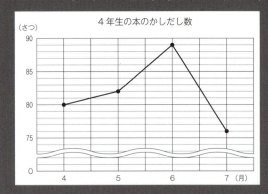

○3年生の方が毎月多い。
○3年生はずっと多い。（変化が少ない）
○なんだかヘン。
○3年生はたてのめもりが見えない。
○3年生は省略の波線がない。

グループ

❶目盛りの違う2つの折れ線グラフを比べる

　3年生と4年生の借り方に違いはあるかな？

3年生の方が毎月たくさん借りています。

3年生の借りる数はあまり変わっていません。

最初は折れ線グラフの概形を基にして比べます。ここでは，3年生のグラフの目盛りは，まだ提示しないようにします。3年生の貸し出し冊数には，変化が少なく，かつ4年生よりも多く借りている印象を受けるはずです。この際，グループやペアで話し合うことで，2つのグラフの相違点や矛盾点に気づかせます。

❷比べられない理由を探る

　比べられないという人がいましたが，なぜかな？

3年生のグラフは，縦の目盛りが見えません…

省略の波線もないぞ。何か変だな。

2つのグラフの相違点に気づかせます。省略がないことや，目盛りを隠していること，目盛りの幅が違うことから，単純にグラフの形だけでは比べられないことに気づかせます。

最後に，3年生のグラフの目盛りを見せて確認すると，1つのグラフにまとめて比べたいという思いがわいてくると予想されます。

準備物
・折れ線グラフ（提示用）

対話的な学び グループ学習 ペア学習

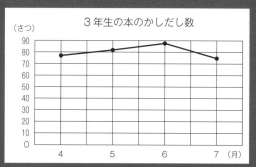

冊数は最初は見せないようにする

○省略がない。
○めもりがちがうとくらべられない。
○同じグラフに表すとわかりそう。

3年生のかしだし数の表

月	4	5	6	7
かしだし数（さつ）	77	82	88	75

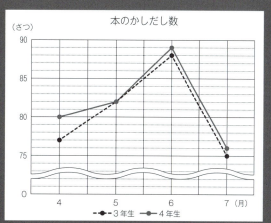

見た目だけではわからないときがある。
めもりの数字やはばをしっかり見る。
1つのグラフにするとわかりやすい。

❸2つのグラフを1つに重ねる

2つのグラフのまとめ方は学習しましたね。やってみよう。

表題と，目盛りと…
省略の範囲も考えて…

❹重ねたグラフを比較する

重ねた2つのグラフを比べてみよう。

変わり方の違いがよくわかります。

4年生の方がたくさん借りていたんだね。

　前時のグラフを活用します。省略する範囲が少々変わるので，学級の実態に応じて，新しくグラフに表してもよいと思います。
　その際に，これまで学習したことをしっかり確認しながら活動に移ります。

　振り返りでは，単にグラフを1つにすればよいという結論だけで終わらないようにします。
　見かけに惑わされないことや，目盛りを確認することなどの大切さを必ず押さえます。
　目盛りの幅を変えたり，省略を用いたりするなど，意図的な主張をしているグラフというのはたくさんありますので，そのようなグラフの実例を紹介するのもよいですね。

第7時　折れ線グラフ
いろいろなグラフを見てみよう
組み合わせたグラフの読み取り

●授業の概要
　本時は，折れ線グラフと棒グラフを組み合わせたグラフを読み取ります。最初から2つの要素を読み取るのは難しいので，まずは折れ線グラフのみ提示します。その後，棒グラフも重ねたグラフを提示します（かき加えてもよい）。国内の豪雪地方のグラフなどでもよいでしょう。

●ねらい
　組み合わせたグラフについて知り，それぞれのデータを関連づけながら読み取ることができるようにする。

●評価
■組み合わせたグラフから，それぞれのデータを正しく読み取ることができる。

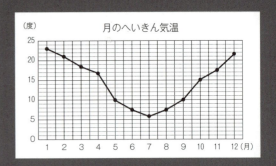

○夏の気温が低い。（6、7、8月）
○7月から急に気温が上がる。
○4月から急に気温が下がる。
○1月が一番暑い。
○どこだろう。
　　場所の予想を書かせてもよい

グループ

❶どこの気温か予想する

グラフを見て，何か気づいたことがあるかな？

1月が暑くて，それから急に寒くなってる。

　グラフを見た段階で，子どもたちは驚くはずです。その驚きを，きちんと根拠をもって説明してもらいます。
　予想は，「日本ではなさそう」という程度で十分です。オーストラリアと答えを言うと，納得する子どもも多いでしょう。真夏のサンタの写真などがあると，さらに実感がわくはずです。

❷降水量を予想する

あと1つ，降水量のグラフもあります。何月が多いかな？

日本と一緒で，6月や7月じゃないかな。

季節が反対なら，日本の冬のときが多いんじゃないかな。

　まずは，グループやペアで話し合います。様々な意見があると思いますが，大きく2つの予想が出るはずです。
　このとき，正答にこだわるよりも，自由な発想を大切にして，そこに根拠があるかどうかを大切にします。
　普段の学習から，自分はどう考えたのか，何を根拠に考えたのかを大切にしたいものです。

| 準備物 | ・折れ線グラフ（提示用）
・組み合わせたグラフ（提示用） |

対話的な学び グループ学習  ペア学習

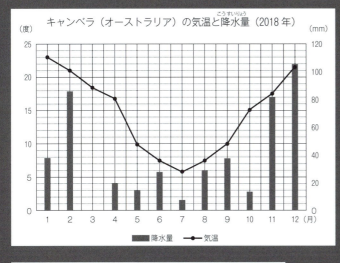

○気温が高いときは、降水量も多い。
○気温が低いと雨も少ない。
○雨がふらない月もあった。
○日本と反対。

 ぼうグラフと折れ線グラフを重ねたグラフもある。2つの関係がわかりやすい。

折れ線グラフは変化がわかりやすいグラフ。2つを重ねるグラフもある。 → 一人ひとり折れ線グラフに表して発表をしよう。

---

❸ 組み合わせたグラフの気づきを述べる

 このように、棒グラフと折れ線グラフを重ねて表すこともできます。

▶ 気温と降水量は関係がありそう。

 気温が高いと雨がよく降っているね。

　日本の多くの場所と同じように、気温が高い時期に降水量も多くなっています。この二者の関係を大切にしながら読み取っていきます。また、日本と反対であるという気づきも大切にしたいものです。どこが反対なのか、グラフの形を基に説明できるとよいでしょう。
　ただし、すべての場所でこの関係が成り立つわけではないことをつけ加えておきます。

❹ 振り返りと次時への予告を行う

 折れ線グラフはどんなグラフでしたか？

▶ 折れ線グラフは変化がよくわかるグラフでした。

 2つを重ねてかくグラフもありました。

　ここで一度、単元全体のまとめをします。読み方、表し方、複数系列のグラフ、組み合わせたグラフなどについて振り返ります。子どもには、ノートに記述させます。
　次時からの2時間は、自分で選んだ都市の気温をグラフに表して、その結果や考察を発表することを目的に活動を行います。

第8時 グラフに表し，発表しよう(1)

折れ線グラフ
データの考察(1)

●授業の概要

本時は，自分で都市を選び，気温を折れ線グラフに表します。大切なのは，ただ表すだけでなく，自分でその結果や特徴をまとめることです。特徴については，次時の発表の際の材料にしていきます。見本として，日本（または学校がある県）のグラフを用意しましょう（ここでは，熊本県のデータを用いています）。

●ねらい

データを基に折れ線グラフに表し，その結果を考察することができるようにする。

●評価

- ■データを選び，自分なりにグラフに表すことができる。
- ■自分のグラフについて考察している。

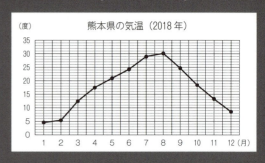

グラフに表し、発表しよう

○1、2月がすごく寒い。
○気温の変化が大きい。
　（かたむきが大きい）
○1月と8月が25度もちがう。
　↓
※自分の選んだグラフでも考える。

❶熊本の気温の変化を読み取る

熊本の気温の変化はどうかな？

1月や2月が，ものすごく寒い。

8月が終わると，急に気温が下がっている。

まずは，熊本県の気温の読み取りをします。これは，ここまでの学習でしっかりできていることでしょう。

また，最初の段階で，目標はグラフに表すことではなく，その特徴を伝えることであると確認しておきます。

❷都市を選んでグラフに表す

自分で都市を選んでグラフに表そう。

わたしは，ホノルルを選んでかいてみようかな。

わたしは，寒いところをかきたいので，アイスランドにしよう。

それぞれが選んだ都市を，グラフに表します。グラフの目盛りをいくつにするのか，省略は必要あるのかなどをそれぞれに考えます。この段階で，グラフの概形について考えるのもよいでしょう。

日本のグラフを重ねた方がわかりやすいという意見があれば，学級の実態に応じて取り入れることもできます。降水量などを組み合わせたグラフについても学級の実態に応じて扱います。

準備物
・折れ線グラフ（提示用）
・気温の表（提示用）

対話的な学び   グループ学習 ペア学習

気温の表は見やすいように並べて提示する

バンコク（タイ）

月	1	2	3	4	5	6	7	8	9	10	11	12
気温（度）	28	28	30	29	30	30	29	29	29	29	29	29

レイキャビク（アイスランド）

月	1	2	3	4	5	6	7	8	9	10	11	12
気温（度）	0	1	2	5	6	9	10	10	7	4	4	3

ニューヨーク（アメリカ）

月	1	2	3	4	5	6	7	8	9	10	11	12
気温（度）	0	6	5	10	20	23	27	27	23	16	8	5

ホノルル（アメリカ）

月	1	2	3	4	5	6	7	8	9	10	11	12
気温（度）	25	24	24	25	26	27	28	28	28	27	25	25

プエルトモント（チリ）

月	1	2	3	4	5	6	7	8	9	10	11	12
気温（度）	14	15	12	10	9	6	5	7	8	9	11	14

1つを選んで折れ線グラフに表す。
とくちょうを友だちに伝えよう。

〈内容〉
とくちょうを見つけ出そう。
日本とのちがいはあるかな。

〈伝え方〉
発表で伝えるないようを考えよう。
（クイズ形式などでもよい）

発表の練習をしよう
・グラフのとくちょうをつかんでいるか。
・考えたことは伝わりやすかったか。
・きょうみをもって聞かせる工夫は？

ペア

❸グラフの特徴をまとめる

グラフの特徴を書こう。
日本と比べてもいいね。

わたしはほとんど気温の変化がないグラフだ。

山型は日本とそっくりだけど、気温は全部低いぞ。

　最高気温や最低気温，山の形が日本と似ている，逆の形になっている，また増減が少ないなど，自分のグラフの特徴をノートに書かせます。
　その中から，特に特徴をつかんでいるものを選んで，発表に用いるようにします。
　グラフの特徴を捉えた内容を選ぶように促します。

❹発表の練習を行う

お互いに発表の練習をしよう。
伝えたいことが伝わるか，その伝え方も考えよう。

クイズ形式にしたり，グラフを少し隠したりしてもおもしろいね。

　自分でまとめたことを淡々と語るのではなく，質問形式，問いかけ，一部を隠すなど，様々な工夫ができます。
　そこで，ここでは発表方法について深めていきます。ペアで練習をしながら，お互いの発表がさらによくなるように声かけをさせます。

| 第9時 | 折れ線グラフ
グラフに表し，発表しよう(2)
データの考察(2) |

●授業の概要

本時は，前時の学習の発表を行います。ここではグループでの発表にしていますが，ポスターセッション形式や，人数によっては全体の発表形式も考えられます。

また，最初は手本を示すうえでも教師が演示をしましょう。気をつけてほしいところを押さえながら演示するようにします。

●ねらい

作成した折れ線グラフやその考察を発表する中で，日常活動に生かしたりする態度をはぐくむ。

●評価

■折れ線グラフの特徴を正しく考察している。

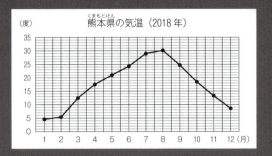

○1月から8月まで気温が上がる。
○8月から12月まで気温が下がる。
○かたむきが大きいグラフである。
　特に2～3月や9～10月。
　（夏と冬の気温の差が大きい）

グループ

❶教師の手本を参考にする

これは熊本の気温です。
なんと，1年間で気温の差が25度もあります。
また，熊本は秋と春がないと言われますが，
グラフを見ると理由がわかります。
2～3月は急に気温が上がっています。
そして9～10月は急に気温が下がっています。

最初に教師が手本を示します。内容は前時までにでき上がっていると思います。変化の仕方や，特徴について，グラフを示しながら伝えます。

また，発表の仕方，声の大きさ，目線など，子どもに気をつけてほしいことを押さえながら，手本を示します。

❷グループで発表を行う

グループで発表します。
手順は黒板の通りです。

グラフの通り，1年間を通して暖かい場所です。グラフもあまり傾きがないグラフになっています。これはどの都市のグラフでしょう。

グループで発表させます。その後に，お互いに感想や質問の時間を設けます。その際，発表の内容について，またグラフの特徴や発表の仕方について，という2つの視点で話を聞くように指示しておきます。また，発表については，順番を板書し，明確に示しておきます。

| 準備物 | ・全体発表用の拡大提示機材
・折れ線グラフ（提示用） | 対話的な学び グループ学習 |  ペア学習 |

```
発表の順番
①あいさつ
②発表
　・都市の名前をひみつにして発表
　・クイズ形式の発表
　・日本とくらべたときの発表
　　　　　　　　　　　　　など
③気づきや感想
　・気づいたことや感想などを話し
　　手に伝える
　　（ノートに書く）
④あいさつ
⑤ひょうか

　　　　　手順を明確に示す

〈ないよう〉
・日本よりすごく暑いところがあった。
・ほとんど気温の変化がないところがあった。
・気温のグラフのかたむきが日本よりとても大きいところがあった。

〈伝え方〉
・グラフを指さしながら説明するとわかりやすかった。
・どこなのかをかくして、そうぞうするのがおもしろかった。

身の回りのことがら（折れ線グラフ）
・理科の授業でも使えそう。
・新聞で折れ線グラフを見ました。
・自分で調べて、またグラフにまとめてみたい。
```

❸感想や相互評価を記す

発表を聞いた感想や、気づきなどをノートに書こう。

日本とは全然形が違うグラフがありました。

クイズ形式の発表は聞いている人も楽しく聞けました。

　評価のポイントの1つ目は、自分の選んだグラフとの類似点や相違点など、グラフから気づいた点について、感想を述べたり書いたりします。日本のグラフと比べてもよいでしょう。
　また、2つ目として、発表の仕方についてもよかった点などを書かせるようにします。

❹全体での発表を行う

身の回りに、折れ線グラフを使ったものはたくさんありますね。別の教科などでも活用しよう。

理科や社会ではよく見る気がする。

身近にまとめられそうなものはないかな…

　特によい内容があれば、全体の場で共有してもよいでしょう。よい気づきや感想についても同様です。
　また、今回の経験を通して、他の教科でも、目的に応じて自分でグラフにまとめる経験を設けたいものです。

第1時のワークシート

　　　　　　　　　年　　　　組　　　　名前

下の表は，ある日のプールの水温について調べたものです。
また，それをぼうグラフに表したものです。

時こく（時）	8	9	10	11	12	1	2	3	4	5
水温（度）	20	20	22	24	28	29	30	27	24	22

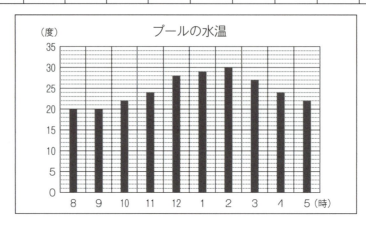

点と点を直線でつないでグラフを完成させましょう。

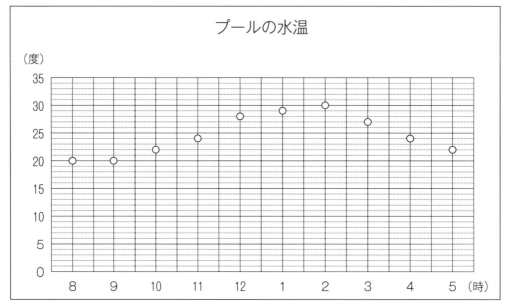

このようなグラフを（　　　　　　　　　）といいます。

38　折れ線グラフ

第3時のワークシート

　　　　　　　　　　年　　　組　　　名前

下の表は，ある日の気温について調べたものです。

時こく（時）	8	9	10	11	12	1	2	3	4	5
気温（度）	19	20	23	27	30	29	28	26	23	19

1　この表を，折れ線グラフに表しましょう。

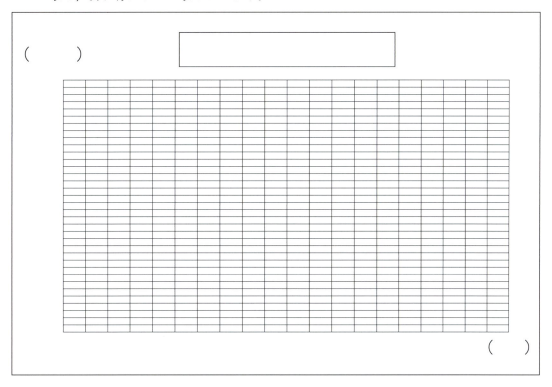

2　折れ線グラフに表すときに大切なことは何でしょう。

わり算の筆算(1)

全12時間

1 単元の目標と評価規準

　除数が1位数で被除数が2位数や3位数の整数の除法について，基本的な計算を基にしてできることの理解を深め，その計算が確実にできるようにし，それを適切に用いる能力を伸ばす。

知識・技能	除法の筆算の仕方を考え，その計算が基本的な計算を基にしてできることを理解している。また被除数，除数，商及びあまりの間の関係について理解している。 除法の計算が確実にでき，それを適切に用いることができる。
思考・判断・表現	数量の関係に着目し，計算の仕方を考えたり計算に関して成り立つ性質を見いだしたりするとともに，その性質を活用して，計算を工夫したり計算の確かめをしたりしている。
主体的に学習に取り組む態度	除数が1位数で被除数が2位数や3位数の整数の除法について，筆算形式のよさに気づき，進んで筆算の仕方を考えようとしている。

2 単元の概要

(1)教材観・指導観

　4年生では，整数の除法の筆算での計算の仕方について指導し，多数桁の除法が基本的な計算を基にしてできることを理解させるとともに，桁数の多い計算の仕方を発展的に考えるなど整数の計算の能力を定着させ，それを生活や学習に用いる態度をはぐくむことをねらいとしています。本単元では，被除数が乗法九九をこえた除法を考えます。まず，10，100を単位にした数（何十，何百）を1位数でわる除法を扱い，既習の除法計算に帰着できることを確認します。次に，2位数÷1位数で商が2位数になる場合について，筆算形式を導入し，除法の筆算形式による計算の手順を理解していきます。また，3位数÷1位数で商が3位数や2位数になる場合も扱い，計算の手順を確かなものにします。筆算を形式的に教えるだけでなく，操作活動を通して，子どもが操作とわり算の計算手順を結びつけながら考えていく過程を大切にしていきます。さらに，ある数が基の数の何倍にあたるかを求めるには除法が適用されることや，2数の倍関係を用いて基準量を求めることを知り，除法の意味を拡張していきます。

40　わり算の筆算(1)

指導にあたっては，除法の計算の仕方を考えたり，計算の確かめをしたりする過程において，子どもが図や言葉で説明したり，友だちと意見交換したりする場を設定することで，思考力・判断力・表現力等の育成を図ります。

(2) 数学的活動について

本単元では，数図を分けたり，図や式に表したりしながら，それぞれの操作の意味を具体的な活動と対応させながら，筆算形式の理解を図っていきます。また，子どもに単に筆算の手順を形式的に処理する方法を教えるのではなく，筆算の仕方や仕組みを説明させる数学的活動を重視しながら，筆算の手順とそのよさを理解させていくようにします。さらに，自分の考えを発表するときに，図や式などを用いて説明する活動を意図的に取り入れることで，自分の考えを整理し，相手にわかりやすく伝える力を身につけさせていくようにします。既習事項を基に子ども自らが方法を見いだしていく活動を積極的に取り入れることや，桁数が多い計算について発展的に考える力が育成されるより主体的な学びが期待されます。

3 単元の指導計画 (全12時間)

節	時	学習活動
答えが何十，何百になるわり算	1	・答えが何十，何百になるわり算の計算の仕方を考える。
2けた÷1けたの筆算	2	・2位数÷1位数の計算の仕方を考える。
	3	・2位数÷1位数の筆算の仕方を考える。 ・筆算の手順を唱えながら，計算をする。
	4	・あまりがある筆算の仕方を考える。 ・わる数，商，あまり，わられる数の関係を知る。
	5	・商の一の位に0が立つときの筆算の仕方を考える。
3けた÷1けたの筆算	6	・3位数÷1位数の筆算の仕方を考える。
	7	・商の一の位や十の位に0が立つときの筆算の仕方を考える。
	8	・はじめの位（百の位）に商が立たない筆算の仕方を考える。
倍の計算	9	・何倍かを求める計算について考える。
	10	・基準量（1とみる大きさ）を求める計算について考える。
暗算	11	・暗算でできるわり算の計算の仕方を考える。
まとめ	12	・筆算の間違い探しを通して，筆算の仕方を確かめる。 ・4位数÷1位数の計算を考える。

単元について　41

第1時 1人分は何まいかな(1)

わり算の筆算(1)

答えが何十，何百になるわり算

●授業の概要
　答えが何十，何百になるわり算の計算の仕方を，既習内容を復習しながら考えていきます。折り紙や数図を使った具体的な操作から計算へと移行していくようにします。10や100のまとまりに着目する考え方を引き出して，計算の仕方を理解し，計算できるようにします。

●ねらい
　折り紙の枚数を分ける活動を通して，商が何十や何百になるわり算の計算ができるようにする。

●評価
■10や100のまとまりに着目して，商が何十や何百になるわり算の計算ができる。

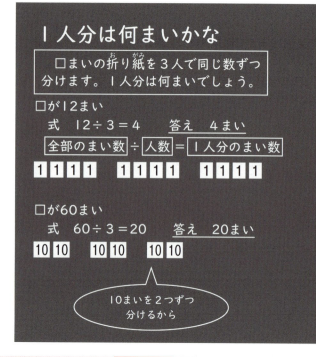

❶3年生で学習したことを振り返る

　授業の最初に，前学年の学習を振り返ります。
　□の中に，子どもたちが解けそうな数字を引き出し，問題を解かせます。言葉の式や1の束（数図）を使って，わり算の式と答えを導きます。他にも子どもから出た何十の数字についても同様に行います。

❷120÷3の計算の仕方を考える

ペア

　□の数が120のときを考えます。120÷3の立式後，100の束と10の束（数図）を提示します。折り紙100枚の束をどうすればよいかをペアで考えさせることで，10枚ずつの束にすればよいことに気づかせるようにします。

42　わり算の筆算(1)

準備物
・折り紙（児童用）
・1，10，100の数図（提示用）

対話的な学び  グループ学習 ペア学習

10の束と100の束で考える方法を比べるように示す

□が120まい
式　120÷3
100 10 10

「100を10に分ける」

10 10 10 10　10 10 10 10　10 10 10 10

120　　は　10が12こ
120÷3　は　10が（12÷3）こ
120÷3＝40　**答え　40まい**

□が600まい
式　600÷3
100 100 100 100 100 100

「100を使うとわかりやすい」

600　　は　100が6こ
600÷3　は　100が（6÷3）こ
600÷3＝200　**答え　200まい**

10や100のいくつ分で考えるとかんたんに計算ができる。

(1)　120÷4＝30　　(4)　400÷2＝200
(2)　360÷6＝40　　(5)　900÷3＝300
(3)　630÷9＝40　　(6)　1400÷7＝200

ペア

❸ 600÷3の計算の仕方を考える

「600を10の束で考えると，60あるから…」

「100の束を使って考えると，わかりやすいよ。」

今度は，折り紙600枚の束（数図）で考えます。
600枚を10枚の束で考えるよりも，100枚の束で考える方が簡単でわかりやすいことを子どもの言葉から引き出すようにします。100の束（数図）を並べることで，視覚的にもわかるように板書します。

❹ まとめを行い，練習問題を解く

「10や100のいくつ分で考えると，簡単に計算できるぞ。」

「120÷4は，10が12÷4だから，答えは30だ。」

10や100が何個かで考えるよさを振り返り，板書してまとめます。練習問題では，120÷4や400÷2も，10や100を単位にして計算すれば，既習の12÷4や4÷2に帰着して，九九を用いて計算できることを押さえます。

第2時 わり算の筆算(1) 1人分は何まいかな(2)
2位数÷1位数

●授業の概要
72÷3の計算の仕方を考え，筆算形式の基礎を考えていきます。折り紙を使った具体的な操作活動を通して計算をします。10の束を分ける，10の束をばらして残りを分ける，束の数とばらの数を合わせるなど，計算の手順を意識させ，筆算の学習につなげて計算できるようにします。

●ねらい
折り紙の枚数を分ける活動を通して，2位数÷1位数の計算の仕方を理解することができるようにする。

●評価
■ 2位数÷1位数の計算の仕方を，既習の除法計算を基にして考えている。

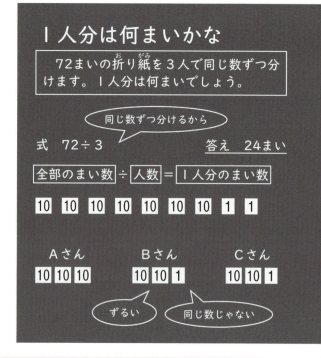

❶ 72÷3の問題の意味を知る

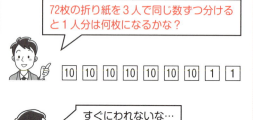

教師が問題文を一文ずつ板書し，ノートに写させながら，問題の意味を考えさせていきます。

まず，「同じ数ずつ分ける」の言葉に着目させながら，わり算の式を引き出します。次に，1人分は何枚ぐらいになるかの見通しをもたせるようにします。すぐに暗算で計算できないことから，折り紙を提示して考えさせるようにします。

❷ 72÷3の計算の仕方を折り紙を使って考える

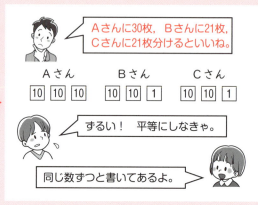

10の束7つと1の束2つの図を提示します。3人で「同じ数ずつ分ける」ことの意味を押さえるために，教師があえてAさんに30枚，Bさんに21枚，Cさんに21枚分け，子どもの反応を引き出します。こうして，10の束と1の束を，同じ数ずつ分けるにはどうすればよいかを数図を使って考えさせるようにします。

準備物	・1，10の数図（提示用）	対話的な学び グループ学習	ペア学習

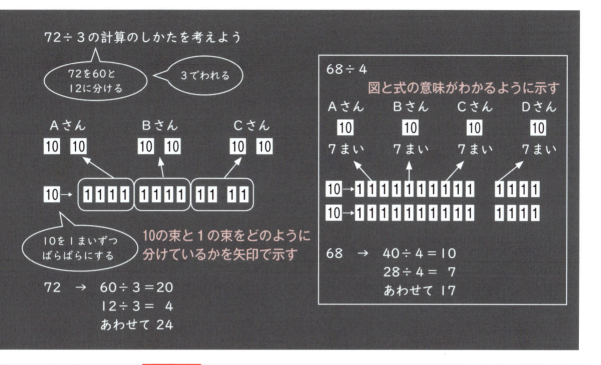

ペア

❸72÷3の計算の仕方を，図を使って考える

1人に20枚ずつ配ると，10の束1つと2枚あまるよね。

10の束を1枚ずつバラバラにして考えればいいよ。

　10の束7つと1の束2つの図をノートにかかせます。1人に20枚配ると，10の束1つと1の束2つがあまることから，残りの枚数をどのように分ければよいかをペアで考えさせます。こうして，子どもから「10の束を1枚ずつバラバラにする」という考えを引き出します。そして，束の数とばらの数を合わせればよいことを式で表現します。

❹68÷4の問題を解く

68を4でわるから，40と28に分けてみよう。

40÷4＝10
28÷4＝7だから，あわせて答えは17。

　10の束を1枚ずつバラバラにする考えを使って問題を解かせます。68を40と28に分けて考えることにより，既習の40÷4の商と28÷4の商を合わせて計算できることを理解させるようにしていきます。

第2時　45

第3時 **わり算の筆算(1)**
72÷3の筆算のしかたを考えよう
2位数÷1位数の筆算

● **授業の概要**

72÷3の筆算の仕方を，前時の学習を復習しながら考えていきます。「たてる」「かける」「ひく」「おろす」という筆算の手順を押さえながら計算していきます。手順を一つひとつ確認しながら，前時の計算の意味を考えさせます。筆算形式に表し，筆算の仕方を唱えながら学習します。

● **ねらい**

2位数÷1位数における筆算の仕方を考える活動を通して，筆算することができるようにする。

● **評価**

■ 2位数÷1位数で商が2桁になる筆算の仕方を理解している。
■ 筆算形式に表し，筆算の仕方を唱えながら計算することができる。

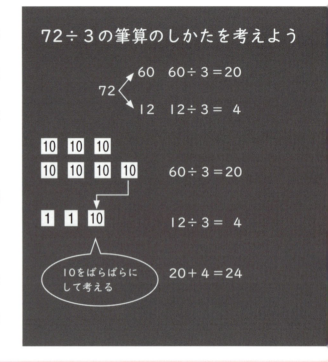

❶ 72÷3を簡単に求める方法を知る

前時の学習である72を60と12に分けて計算する方法を振り返ります。数図と式を関連して考えることのよさを通して，わかりやすく正確に解けることに気づかせるようにします。そして，「問題を解くときは，いつも図をかいて考えるといいね」と尋ね，「もっと簡単にできないかな」といった子どもの声を引き出します。

❷ 72÷3の筆算の仕方を考える

速く正確に計算する方法を考えていきます。これまで，たし算やひき算，かけ算では筆算を使って求めてきているため，子どもたちから筆算の言葉が出ると予想されます。72÷3をどうやって筆算するかを考えさせていきます。

46 わり算の筆算(1)

準備物
・1, 10の数図（提示用）
・「たてる→かける→ひく→おろす」の短冊（提示用）

対話的な学び
グループ学習　ペア学習

筆算の手順がわかるように示す

筆算のしかた

```
     2            2            2           24              28
3)72        3)72        3)72        3)72        (1) 3)84
             6            6            6                    6
             1           12           12                   24
                         12           12                   24
                                       0                    0
```

7÷3で　　　3に2を かけて 6　　　2を おろす　　　12÷3で　　　　　　たてる
2を たてる　　7から6を ひいて 1　　　　　　　　　4を たてる　　　　　↓
　　　　　　　　　　　　　　　　　　　　　　　3に4を かけて 12　　かける
　　　　　　　　　　　　　　　　　　　　　　　12から12を ひいて 0　　↓
　　　　　　　　　　　　　　　　　　　　　　　　　　　　　　　　　　ひく
　　　　　　　　　　　　　　　　　　　　　　　　　　　　　　　　　　↓
　　　　　　　　　　　　　　　　　　　　　　　　　　　　　　　　　　おろす

```
              12
(2)  7)84
      7
     14
     14
      0
```

ペア

❸ 筆算の手順を確認する

隣の友だちに，筆算の仕方を説明しよう。

7÷3で2を立てて，3に2をかけて6…
次はぼくの番だね。聞いててね。

筆算の手順を丁寧に押さえていきます。われる数を紙や手（指）を使って，順次計算しながら，何の位にどんな答えが立つかを考えさせていきます。習得のために，「たてる」→「かける」→「ひく」→「おろす」という手順を声に出して練習します。ペアで確認しながら，筆算の手順を唱える時間を取ります。

❹ 84÷3の問題を解く

筆算のやり方がわかったら，簡単だ。

じゃあ，われる数やわる数をかえてもできるかな。

では，われる数の数字をかえて練習しましょう。

筆算の仕方を習得させるために，われる数の数値をかえた新たな問題を提示します。「たてる」→「かける」→「ひく」→「おろす」の手順は，子どもにとって難しいため，板書に示した手順を一つひとつ確認しながら解かせます。

第3時　47

第4時 あまりがある筆算のしかたを考えよう

わり算の筆算(1)

あまりのある2位数÷1位数の筆算

●授業の概要
　前時で学習した方法で問題を解きます。次に，わられる数をかえるとあまりが出ます。問題に「何まいあまりますか」と加えて答えを出させます。確かめ算の式は言葉を使い丁寧に指導します。さらにあまりがわる数よりも大きくなる場面を扱い，「あまり<わる数」の関係を押さえます。

●ねらい
　2位数÷1位数であまりがある筆算をできるようにする。

●評価
■2位数÷1位数であまりがある筆算の仕方を理解している。
■わる数，商，あまり，わられる数の関係がわかり，答えの確かめができる。

あまりがある筆算のしかたを考えよう

54まいの折り紙があります。1人に3まいずつ分けると、何人に配れますか。また、何まいあまりますか。

式　54÷3＝18

答え　18まい配れる

```
    1 8
3 ) 5 4
    3
    2 4
    2 4
      0
```

たてる → かける → ひく → おろす

たしかめ算
　　3　×　18　＝　54
　[わる数]×[商]＝[わられる数]

---

❶問題文から54÷3を立式し筆算で解く

「54枚の折り紙があります。1人に3枚ずつ分けると，何人に配れますか。」

「わり算で求めることができるね。」

「筆算したら，答えがすぐに求められるよ。」

　問題文を読み，わり算の問題であることが理解できたら，筆算で問題を解かせます。筆算の手順である「たてる」「かける」「ひく」「おろす」を確認しながら，確実に計算できるようにします。ここでは，わり算の答えを「商」と言うことを教え，「わられる数」「わる数」との関係から，答えの確かめ算を導きます。

❷55÷3の筆算の仕方を考える

「折り紙が55枚だったらどうかな？」

「筆算で解くと…あれっ？　わりきれない。」

　折り紙の数を55枚にします。先ほどと同じように筆算で解かせます。子どもから「わりきれない」「あまりがある」という声を引き出し，問題文をつけ加えます。「18枚配れて1まいあまる」を確認後，[わる数]×[商]＋[あまり]＝[わられる数]を丁寧に押さえます。

48　わり算の筆算(1)

準備物	・「たてる→かける→ひく→おろす」の短冊（提示用）	対話的な学び 

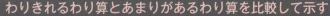

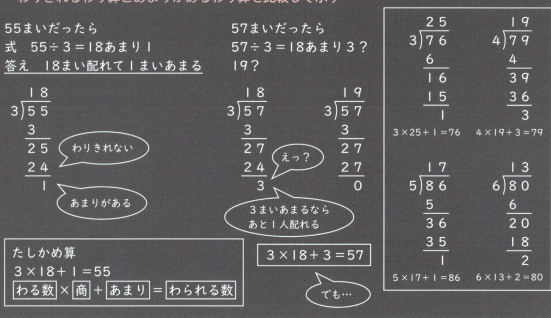

ペア

❸ 筆算の手順を確認する

　今度は，折り紙の数を57にします。解き方がわかり，進んで取り組む姿が見られます。商が18であまりが3という考えと，商は19だという2つの考えが出たら，ペアで話し合いをさせます。確かめ算を使えば，答えが正しいように感じますが，あまりくわる数の条件を子どもの言葉を使って確認します。

❹ 練習問題を解く

　あまりがあるわり算は，初期段階の子どもにとって抵抗感が大きいので，間違えない方法を考えます。「確かめ算をすれば間違いがない」「『あまりくわる数』に気をつける」「計算間違いをしない」など，練習問題を通して，子どもの気づきを振り返ります。

第5時　わり算の筆算(1)
筆算でやってみよう(1)
商の一の位に0が立つ2位数÷1位数の筆算

● 授業の概要

　2桁÷1桁で，桁ごとにわりきれたり，商の一の位に0が立ったりするときのわり算の計算を考えていきます。子どものつぶやきや疑問を取り上げながら，計算方法についての学習を進めます。また，確かめ算を活用しながら，計算の仕方を理解し，筆算ができるようにします。

● ねらい

　商の一の位に0が立つときの筆算の仕方を考える活動を通して，筆算することができるようにする。

● 評価

■ 2位数÷1位数で商の一の位に0が立つ筆算の仕方を理解している。

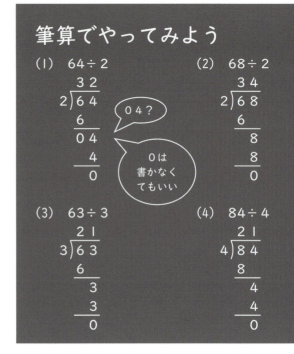

❶ 64÷2を筆算で解く

　既習事項を使って，筆算の問題を解きます。これまで「たてる」「かける」「ひく」「おろす」の手順通りにしていくと，0が出てきます。「04」となったときに，このまま書いてよいのか悩む子どもが出てきます。その悩みを話題にして，0は書かなくてもよいことを確認します。同様の問題を3問解かせて筆算ができるようにします。

❷ 81÷4を筆算で解く

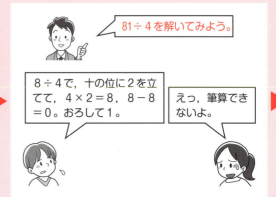

　次に，81÷4の問題をします。「たてる」「かける」「ひく」「おろす」の手順通りにしていくと，1が出てきます。「1÷3はできないから，筆算ができない」と答える子どもや「商が2であまりが1」と答える子どもが出てくるので，どう解いたらよいかを考えていきます。

準備物	対話的な学び	
	グループ学習 	ペア学習

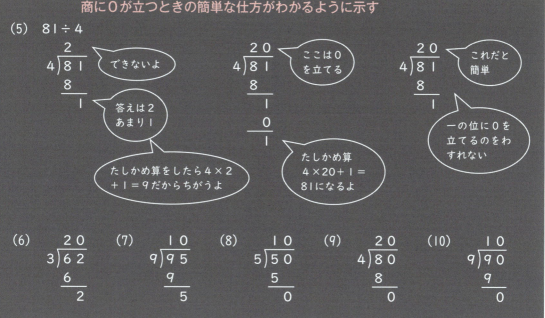

❸81÷4の筆算の仕方を考える

81÷4の筆算の仕方を考えよう。

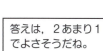
答えは，2あまり1でよさそうだね。

確かめ算をしたら4×2＋1＝9だから違うよ。

　答えが2あまり1の考えを取り上げます。確かめ算をすると，答えが違うことがわかります。商の一の位が空欄であることから，どんな数字を書けばよいかを考えさせます。手（指）かくし法の紙などを置くことで，商の空欄部分に0を立てればよいことに気づかせます。

❹一の位に0を立てて計算する方法を考える

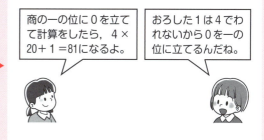

　答えが2あまり1でないことがわかり，商の一の位を考えます。「4に0をかけて0，1から0をひいて1」となり，商の一の位に0が立ちます。確かめ算でも間違いないことから，商の一の位の0は空位を表す0として書くことを押さえます。その後，練習問題で0の処理を適切に書けるようにします。

第5時　51

第6時 わり算の筆算(1)
774÷3の筆算のしかたを考えよう
3位数÷1位数の筆算

● 授業の概要
　答えが3桁になるわり算の計算の仕方を，既習内容を復習しながら考えていきます。1，10，100の数図（数の束）を使った具体的な操作から，筆算の手順方法へと移行していくようにして，3桁÷1桁の筆算の仕方を理解し，計算できるようにします。

● ねらい
　折り紙の枚数を分ける活動を通して，3位数÷1位数の計算の仕方を理解することができるようにする。

● 評価
■ 3位数÷1位数の計算の仕方を，既習の除法計算を基にして考えている。

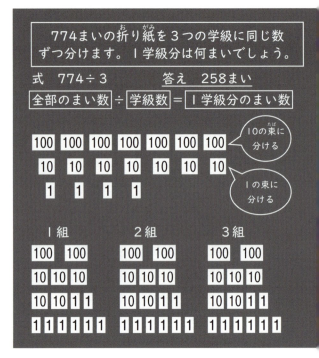

❶ 774÷3の問題の意味を知る

「774枚の折り紙を3つの学級で同じ数ずつ分けると，1学級分は何枚になるかな？」

「3桁÷1桁…？」

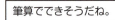

「筆算でできそうだね。」

　「774枚の折り紙を3つの学級に同じ数ずつ分けます。1学級分は何枚でしょう」と問題文を提示します。問題文を見て，子どもたちはわり算で求められることに気づきます。これまでとの違いを尋ねることで，3桁÷1桁の筆算で求めることへの見通しをもたせます。

❷ 774÷3の計算の仕方を考える

「774÷3を筆算でできるかな？数図を使って考えてみよう。」

「700枚を3学級で分けると1学級200枚で，100枚あまる。10の束に分けて…」

「これまでの筆算と同じように考えるとできるよ。たてる→かける→ひく→おろす…」

　100の束7つと10の束7つと1の束4つの数図を提示します。3つの学級に分けることから，100の束や10の束をバラバラに分けて考えさせます。そのとき，数図の分け方と筆算の手順を対応させながら並べていきます。

| 準備物 | ・1，10，100の数図（提示用） |

対話的な学び　グループ学習

ペア学習

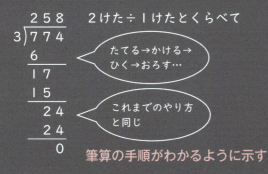
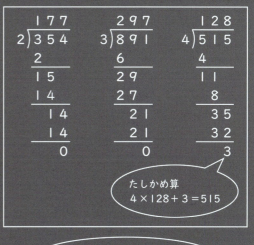

❸ 2桁÷1桁のときと比べる

2桁÷1桁と比べて，同じところや気づいたことはあるかな？

「たてる→かける→ひく→おろす」がもう一度増えたけど同じだね。

わられる数が増えると，筆算が縦長になる。

数図の分け方と比べながら，筆算の手順にそって計算をしていきます。既習の2桁÷1桁の筆算と同じように，手（指）かくし法や位ごとに色分けをして，計算が苦手な子どもに配慮していきます。計算後に，2桁÷1桁の計算方法を比べることにより，筆算の手順は同じであることに気づかせていきます。

❹ 練習問題を解く

筆算のやり方がわかると，簡単だね。

3桁があるということは4桁もあるのかな。

「たてる」→「かける」→「ひく」→「おろす」の手順通り行い，練習問題を解かせます。あまりのあるわり算では，確かめ算をすることにより，より正確に計算する力をつけていきます。学習の振り返りでは，「4桁÷1桁」「5桁÷1桁」に興味をもつ子どもも出てくると考えられます。

第6時　53

第7時 わり算の筆算(1) 筆算でやってみよう(2)
商の一や十の位に0が立つ3位数÷1位数の筆算

●授業の概要

　3桁÷1桁で，桁ごとにわりきれたり，商の一や十の位に0が立ったりするときのわり算の計算を考えていきます。第5時の学習を生かしながら，子どもの困り感を取り上げ，計算方法についての学習を進めます。3桁÷1桁の筆算の仕方がわかってきたところで，商に0が立つときの簡単な仕方について知らせるようにします。

●ねらい

　商の一や十の位に0が立つときの筆算の仕方を考える活動を通して，筆算することができるようにする。

●評価

■3位数÷1位数で商の一の位に0が立つ筆算の仕方を理解している。

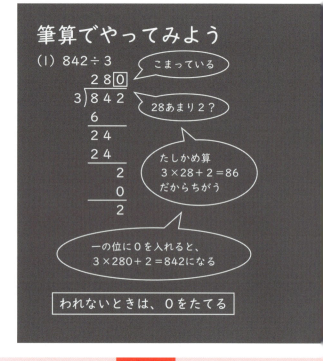

❶842÷3を筆算で計算する

　前時に続き，3桁÷1桁の筆算の問題を解きます。「たてる」「かける」「ひく」「おろす」の手順通りにしていくと，商の一の位をどう書いていいのかわからず困る子どもがいます。また，「28あまり2」と答えを出している子どももみられます。その困り感を大切にしながら学習を進めます。

❷842÷3の商を考える

　教師が筆算を板書しながら，「28あまり2でいいみたいだね」と子どもに尋ねます。すると，確かめ算をして確認した子どもが，答えは間違いであると言ってきます。子どもから，「2÷3はできないから，商の一の位に0を立てるといい」という発言が予想されます。実際に確かめ算をすると，商が280になることから，われないときは0を立てることを押さえます。

準備物	対話的な学び	
	 グループ学習	ペア学習

❸ 848÷8の筆算の仕方を考える

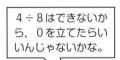

えっ，商が立たないよ。何を立てればいいのかな…

4÷8はできないから，0を立てたらいいんじゃないかな。

848÷8の問題に取り組ませます。8÷8で1を立てることはわかりますが，次に4÷8ができないために困る子どもがいます。そこで，どうすれば解決できるかをペアで話し合わせます。既習事項を使って，われないときは0を立てればよいことを引き出し，確かめ算で確認をしていきます。部分積の0を書かない簡単な筆算の仕方も認めます。

❹ 練習問題を解く

(3) 780÷3　　(4) 812÷3
(5) 859÷8　　(6) 761÷7

商の一の位や十の位に，0を立てて計算するといい。

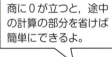
商に0が立つと，途中の計算の部分を省けば簡単にできるよ。

板書で，商の一の位や十の位に，0を立てて計算する筆算の仕方の振り返りを行います。その後，練習問題に取り組ませ，習熟を図ります。つまずきが見られる子どもには，手（指）かくし法の紙を置かせ，筆算の手順に沿って計算できるように言葉かけをしていきます。

第7時　55

第8時　**わり算の筆算(1)**
255÷3の筆算のしかたを考えよう
商の百の位に答えが立たない3位数÷1位数の筆算

●授業の概要
はじめの位（商の百の位）に答えが立たないわり算の計算の仕方を，既習内容を活用しながら考えていきます。100の束や10の束，1の束の数図を使って，筆算の手順と関連させながら計算の仕方を理解し，計算できるようにします。

●ねらい
数図を分ける活動を通して，3位数÷1位数の計算の仕方を理解することができるようにする。

●評価
■3位数÷1位数の計算の仕方を，既習の除法の計算を基にして考えている。

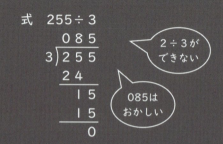

❶255÷3の問題の意味を知る

問題文を提示し，立式後に計算の仕方を考えさせます。2÷3ができないことに気づかせ，はじめの位に答えが立たないときの筆算の仕方を考えさせるようにします。

❷255÷3の商を考える

2÷3ができないことで，商の百の位に0を立てる子どもがいます。商は，085ではおかしいことに気づいてはいるものの，どう表現してよいかわからないつぶやきを取り上げます。数図と言葉で，筆算の手順に沿って計算し，計算の仕方を考えていきます。

| 準備物 | ・1，10，100の数図（提示用） |

対話的な学び グループ学習 ペア学習

数図と筆算の手順を対応しながら示す

図でたしかめよう
100 100 →3でわれない

10が20こ
10 10 10 10 10
250÷3＝80と 1 が10こ
1 1 1 1 1
15÷3＝5

たしかめ算
3×85＝255

0は書かない

```
   85
3)255
   24
   15
   15
    0
```

商が百の位にたたないときは、十の位からたてて計算する。

(1) 254÷3
```
    84
3)254
   24
   14
   12
    2
```

(2) 256÷4
```
    64
4)256
   24
   16
   16
    0
```

(3) 347÷5
```
    69
5)347
   30
   47
   45
    2
```

(4) 214÷6
```
    35
6)214
   18
   34
   30
    4
```

ペア

❸これまでの3桁÷1桁と比べる

これまでとの違いは何かな？

わられる数の百の位が、わる数より大きいか同じときは、商は3桁になる。

反対に、わる数より小さいときは商は2桁になるね。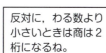

❹練習問題を解く

(1) 254÷3　(2) 256÷4
(3) 347÷5　(4) 214÷6

商が立つ場所に気をつけて、筆算してみよう。

わられる数とわる数の大きさに気をつけるといいんだな。

　前時までのわり算の筆算の仕方と比べます。商が百の位に答えが立つときと，百の位に商が立たないときの違いを気づかせます。百の位に商が立たないときは，十の位から答えを立て，その後はこれまでと同じように計算すればよいことを押さえます。

　「商が立つ場所に気をつけて筆算すること」を意識させて練習問題に取り組ませます。計算が苦手な子どもには，手（指）かくし法の紙を置かせ，筆算の手順にそって計算できているかを机間指導して個別評価していきます。早く終わった子どもには，確かめ算をさせるようにします。

第8時 57

第9時 わり算の筆算(1) どんな式になるのかな
何倍かを求めるわり算

●授業の概要

ある大きさを基にしたとき，もう一方の大きさが何倍になっているかの問題場面において，テープ図や数直線図を基に考えさせます。2つの量を比べるとき，図を使って求め方を話し合います。そして，何倍かを求めるには，除法を用いて□を計算すればよいことを理解できるようにします。

●ねらい

何倍かを求める場面の問題を通して，除法が用いられることを理解することができるようにする。

●評価

■倍の問題場面の数量関係について，数直線や式を用いて考えている。

どんな式になるのかな

赤いテープが32mあります。
青いテープは8mあります。
赤いテープの長さは，青いテープの長さの何倍でしょう。

式　32÷8＝4

答え　4倍

よくわからないよ

---

❶問題の意味を知る

赤いテープの長さは，青いテープの長さの何倍かな？

どんな式になるのかな…
「何倍」と書いてあるからかけ算かな…

問題文を一文ずつ提示していきます。「赤いテープの長さは，青いテープの長さの何倍でしょう」と板書し，「どんな問題かわかる？」と子どもに尋ねます。問題の意味がわからないという子どもや，何倍と書いてあるからかけ算だと思う子どもがいると予想されます。

❷図を使って考える

図に表して考えてみよう。そして，式に表してみよう。

赤 □□□□
青 ■

赤いテープが青いテープより長いから並べてかいてみればわかるかな。

子どもたちに，ノートに図をかくように指示します。様々な図が予想される中で，テープ図を取り上げ，赤いテープと青いテープを並べてかいた子どものよさを引き出します。赤いテープは，青いテープの何倍になっているかを視覚的に気づかせるようにします。

準備物	・テープ図（提示用）	対話的な学び

 グループ学習　 ペア学習

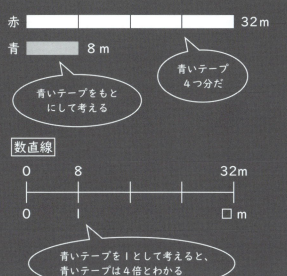

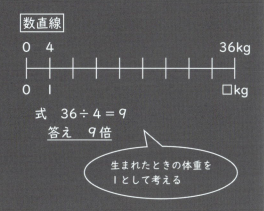

❸図を使って，求め方を話し合う

テープ図を基に数直線で表し，テープ図や数直線を使って，ペアで話し合いをさせます。青いテープを基にして考えると，わり算で求められることに気づかせます。また，数直線図では，青いテープを1として考えさせると，赤いテープは，8mの4倍になっていることから，「32÷4」と表現することができます。

❹練習問題を解く

練習問題を解かせます。図や数直線を使って解くように指示を出します。「生まれたときの体重を1とすると」「生まれたときの体重を基に考えると」といった表現を引き出しながら，何倍かを求めるにはわり算を使えばよいことを理解させていきます。また，4×□＝36とかけ算の式に表す子どももいるので，活用していきます。

第9時　59

第10時　わり算の筆算(1)
□をつかって考えよう
1とみる大きさを求めるわり算

●授業の概要

　基準量を求める問題場面において，テープ図や数直線を基に考え，□を用いて乗法の式に表します。テープ図や数直線，式や言葉で表現させながら，1とみる大きさを求める計算を考えていきます。□にあてはまる数を求めるには，除法を用いればよいことを理解できるようにします。

●ねらい

　何倍かにあたる数と倍を表す場面の問題を通して，除法が用いられることを理解することができるようにする。

●評価

■何倍かにあたる数と倍を表す数から，1とみる大きさを求める式を考えている。

□をつかって考えよう

　しろながすくじらの親の体長は、子どもの体長の4倍で、28mあります。子どもの体長は何mでしょう。

〈わかること〉
　親の体長は、子どもの4倍
　親の体長は、28m

　子どもの体長を□mにすると、

　子どもの体長×4＝親の体長だから、

　　　□×4＝28

---

❶問題を捉える

問題文を読んで，わかることは？

子どもの体長の4倍が，親の体長28mだよね。

親の体長は子どもの4倍とわかるよ。

　問題文を提示すると，子どもから「どういうこと？」「意味がわからない」といった声が聞こえることが予想されます。「わかること」と「わからないこと」を引き出して，問題文の意味を，教師が整理していくようにします。

❷子どもの体長を□mとして考える

子どもの体長を求めるから，□に表して考えると…

子どもの体長の4倍だから，□×4＝28と式に表せるよ。

　子どもの体長を□mとして考えさせます。問題文に沿って，立式していきます。子どもの体長の4倍が親の体長になることから，□×4＝28と多くの子どもが式を立てることができます。基準量を求める場合は，□を用いて乗法の式に表すことを理解させます。

準備物	・テープ図（提示用）	対話的な学び	グループ学習	ペア学習

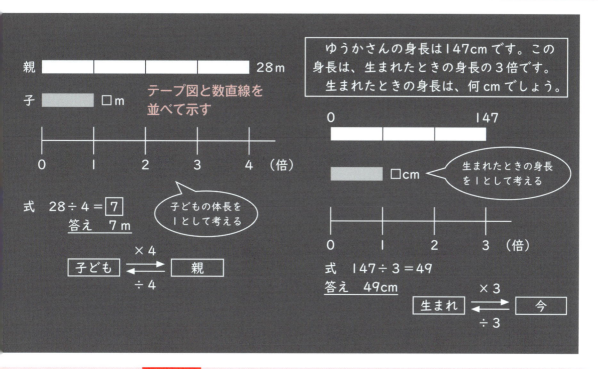

ペア

❸ 図を使って求め方を考える

　テープ図や数直線を使って，ペアで考えさせます。「子どもの体長を1として」「子どもの体長を基にして」という考えを大切にしていきます。□×4＝28と関連させて，子どもの体長をわり算で求められることに気づかせます。また，数をあてはめて調べる方法があることも確認します。

❹ 練習問題を解く

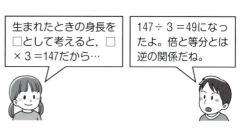

　練習問題をテープ図や数直線を使って解かせます。生まれたときの身長を□として，□×3＝147と表し，147÷3のわり算を使って求めることができます。生まれたときの身長と今の身長を関係図にかくことで，倍と等分の関係に気づいた子どもの考えを取り上げてまとめていきます。

第10時　61

第11時　わり算の筆算(1)
暗算でできるかな
わり算の暗算

●授業の概要
　□÷3のわられる数□に数字を入れて，わり算の答えを暗算で求めます。2位数や3位数のわられる数を，わる数でわりきれる数に分解させる活動を通して，暗算で計算できるよさを理解させます。暗算の指導では，はじめから念頭で計算するのは個人差が生じるため，お金の数図を見ながら，次第に暗算ができるようにしていきます。

●ねらい
　折り紙の枚数を分ける活動を通して，2位数÷1位数の計算の仕方を理解し，暗算ができるようにする。

●評価
■2位数（3位数）÷1位数のわり算を，暗算で計算することができる。

暗算でできるかな

□まいの折り紙があります。
3人で同じ数ずつ分けると，1人分は何まいですか。

式　□ ÷ 3
30÷3 = 10
60÷3 = 20
90÷3 = 30
300÷3 = 100
600÷3 = 200

（3のだんのかけ算で考えればいい）
（10円玉や100円玉で考えるとかんたん）

⑩⑩⑩ ÷ 3　　3÷3 = 1
⑩⑩⑩⑩⑩⑩ ÷ 3　　6÷3 = 2
（※100円玉6枚）

---

❶問題を捉える

筆算を使わずに計算できる2桁の数は何かな？

□÷3だから…

3でわりきれる数は…

　文章から，式は□÷3とわかります。そこで，筆算を使わずに，計算できる2位数のわられる数を考えさせます。わられる数を2桁に限定します。子どもは，3の段の九九や3でわりきれる数を予想します。10円玉や100円玉の数図を使って，視覚的に板書で示しながら，答えを出していきます。

❷96÷3の商を考える

96を30と30と30と6に分けて考えるといいよ。

30÷3 = 10で，それが3つある。6÷3 = 2だから，30＋2 = 32。

　□の数が96のときを考えます。筆算が使えないため，授業の冒頭で学習した30を使って，分けて考える子どもがいます。96を30と30と30と6に分けた考えを使って求めさせます。どのように解いたかを式で板書します。

| 準備物 | ・10円，100円の数図（提示用） |

対話的な学び グループ学習 ペア学習

96÷3の計算方法を比べるように示す

96÷3の答えを考えよう

```
96は
30+30+30+6にわける
30÷3＝10
10×3＝30
 6÷3＝2
30＋2＝32
```

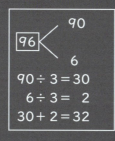
```
      90
96<
      6
90÷3＝30
 6÷3＝ 2
30＋2＝32
```

(1) 28÷4＝7
(2) 48÷4＝12
(3) 75÷5＝15
(4) 81÷3＝27
(5) 248÷4＝62
(6) 198÷9＝22

72÷3＝24
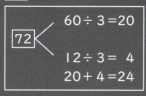
```
      60÷3＝20
72<
      12÷3＝ 4
      20＋ 4＝24
```

720÷3＝240
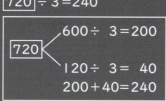
```
       600÷3＝200
720<
       120÷3＝ 40
       200＋40＝240
```

ペア

❸96÷3の商を別の方法で考える

「96を90と6に分けた人の考えがわかるかな？」

「まず90÷3＝30で，次に6÷3＝2だから，30＋2＝32になるよ。」

「30と30と30と6の4つに分けるよりも，2つに分けて考えると簡単だ。」

次に，96を90と6に分けた子どもの考えを取り上げます。30と30と30と6と細かく分けて考えるよりも簡単にできるが，最後はたし算をして求めることに気づかせます。それぞれの考え方のよさを確認し，子どもにとって一番わかりやすい考え方を使ってよいことを押さえます。

❹練習問題を解く

「暗算でできる方法をまとめよう。」

「わられる数を分けて考えればできるよ。」

「練習問題をがんばるぞ！」

暗算できる方法をまとめます。わられる数を分けて考えれば，筆算を使わずに，暗算で解けることをまとめます。その後は，2位数÷1位数，3位数÷1位数の練習問題を96÷3の計算方法と対応しながら暗算で解かせるようにします。

第12時 **わり算の筆算(1)**
計算まちがいをさがそう
筆算の間違い探し，4位数÷1位数の筆算

●授業の概要
　筆算の間違い探しをしながら，筆算の仕方や手順を振り返ります。筆算の誤りを見つけ，なぜ間違えているのか，その理由を考えていきます。
　次に，2位数÷1位数，3位数÷1位数の学習を生かして，4位数÷1位数の問題に取り組ませます。わられる数が4桁になっても，筆算の手順は同じであることを気づかせます。

●ねらい
　筆算の誤りを見つける活動や4位数÷1位数を考える活動を通して，わり算の筆算の習熟を図る。

●評価
- ■筆算の誤りに気づき，正しく筆算をしている。
- ■4位数÷1位数の計算方法を理解し，筆算ができる。

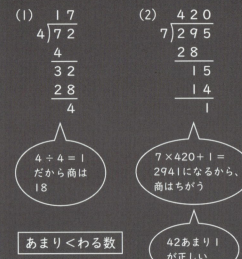

ペア

❶72÷4の筆算の間違いを見つける

「計算間違いがあります。筆算のどの部分かな？」

「えっ，どこ？ 4×17＋4＝72だから合ってるよ…」

「あまりが4だから，まだわれるよ。」

　72÷4で誤った筆算方法を提示します。ぱっと見て，誤りに気づく子と気づかない子が出てきます。そこで，確かめ算をしてみて，間違いではないけれど，「あまり<わる数」ではないことを引き出します。その気づきを板書し，筆算のポイントとしてまとめていくようにします。

❷295÷7の筆算の間違いを見つける

「4を立てるところが違う。」
「商が420だったら，7×420＋1＝2941になるよ。」

　次に，295÷7を考えます。3位数÷1位数で，はじめの位に商が立たない計算の仕方を確認します。商が420で確かめ算をするとわられる数が違うことから，間違いであることに気づかせます。ペアで，手（指）かくし法等を使って，どうやって筆算をするとよいかを説明できるようにします。

準備物　　　　　　　　　　　　　　　対話的な学び

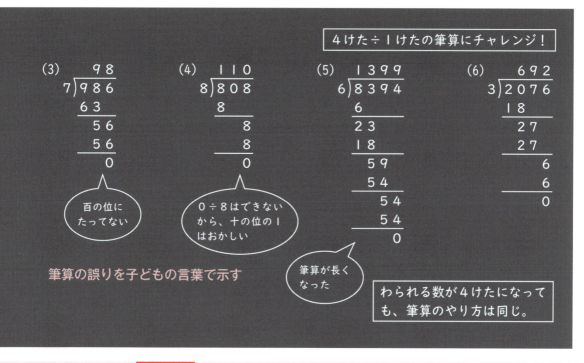

❸ 986÷7，808÷8の問題を解く

　さらに，986÷7，808÷8の筆算の誤りをグループで検討させます。誤りに気づいたとき，どのように筆算をすればよいかを考え，グループの中で説明できるようにします。また，正しい筆算の仕方を書かせるようにします。

❹ 4位数÷1位数の筆算の問題を解く

　これまでの学習で，子どもからのつぶやきやノートの感想の中にあった4位数÷1位数の筆算の問題に取り組ませます。筆算する回数が増えたり，筆算のやり方は同じであったりすることに気づかせます。わられる数だけでなく，わる数が2位数に増えてもできるという意欲をもたせたいものです。

第1時のワークシート

年　　　　組　　　　名前 _____

□まいの折り紙を3人で同じ数ずつ分けます。1人分は何まいでしょう。

1　□を使って，式に表してみましょう。

2　□に数字を入れて，式をかきましょう。また，答えも出しましょう。
　　式

答え_____

3　□に（　　　　）を入れて，式を立てましょう。
　　式

答え_____

4　図をかいて，計算のしかたを考えましょう。

5　□に（　　　　）を入れて式を立て，図をかいて計算のしかたを考え，答えを出しましょう。
　　式

答え_____

6　(1)　　　　　÷　　　　＝

　　(2)　　　　　÷　　　　＝

　　(3)　　　　　÷　　　　＝

　　※3と5の（　　），6の式には，先生が言う数字を入れて，計算をしましょう。

66　わり算の筆算(1)

第12時のワークシート

　　　　　年　　　組　　　名前

筆算のまちがいを見つけて，右に正しく筆算をかきましょう。
また，計算のまちがいを説明しましょう。

(1)
```
      1 7
   ┌─────
 4 │ 7 2
     4
   ─────
     3 2
     2 8
   ─────
       4
```

　　　4) 7 2

(2)
```
      4 2 0
   ┌───────
 7 │ 2 9 5
     2 8
   ───────
       1 5
       1 4
   ───────
         1
```

　　　7) 2 9 5

(3)
```
       9 8
   ┌───────
 7 │ 9 8 6
     6 3
   ───────
       5 6
       5 6
   ───────
         0
```

　　　7) 9 8 6

(4)
```
      1 1 0
   ┌───────
 8 │ 8 0 8
     8
   ───────
         8
         8
   ───────
         0
```

　　　8) 8 0 8

角と三角じょうぎ

全8時間

1 単元の目標と評価規準

　角の大きさを回転の大きさとして捉え，測定の単位としての「度（°）」や測定の道具として分度器の使い方を理解する。また，与えられた角の大きさを測定したり，作図したりできるようにする。

知識・技能	角が回転を表す量であることを踏まえて，角の大きさを表す「度（°）」を理解している。 与えられた角の大きさの測定や角度の作図をすることができる。
思考・判断・表現	角の大きさを回転の大きさと捉え，基準となる辺からどちら向きに回転したものかを考えながら，角の大きさを工夫して測定している。
主体的に学習に取り組む態度	角の大きさを進んで調べようとしたり，いろいろな角度を作図しようとしたりしている。

2 単元の概要

(1)教材観・指導観

　本単元は，まず，角が基準線を回転してできた量であることを理解できるようにすることをねらいとしています。したがって，1つの辺が回転したときにできる回転の大きさを角の大きさとして捉えることができるようにすることが大切です。そこで，単元の導入では，円を2枚重ねて角をつくる教具を用いて，教具を回転させたときにできる開き具合を比べることから始めます。そして，その開き具合を測定するための道具として分度器を導入し，分度器を使っての角度の測定や角の作図ができるようにしていきます。

(2)数学的活動について

　本単元では，まず教具を使って角の大きさを比べる活動を行ったうえで，分度器で様々な角度を測定する活動を行うことによって，角の大きさが数値化できることのよさに気づかせます。また，三角定規の角を使っていろいろな角をつくる活動では，子どもたちの創造的な活動が期待できます。

3 単元の指導計画（全8時間）

節	時	学習活動
角の大きさ	1	・角が回転によってできることを知る。
	2	・分度器の仕組みを知り，角の大きさを表す単位「度（°）」を理解する。 ・三角定規の角度を測定する。
分度器の使い方	3	・分度器を用いて180°より小さい角の角度を測定する。
	4	・分度器を用いて180°より大きい角の角度を測定する。
	5	・分度器，三角定規を使って角の作図の仕方を考える。
	6	・分度器を使って三角形の作図の仕方を考える。
三角じょうぎで できる角	7	・1組の三角定規でできる角度の大きさを考える。
	8	・3つ以上の三角定規を組み合わせていろいろな角をつくる。

単元について　69

第1時 角と三角じょうぎ
どちらの角が大きいかな
角の大きさと開き具合

●**授業の概要**

2つの円を重ね，一方を回転させていろいろな角をつくる教具を用います。円の大小や半径の長さではなく，開き具合の大小（回転）によって角の大きさが決まってくるという考え方を引き出します。

●**ねらい**

回転させて角をつくる教具を使って，角の大きさは，円の大小や半径の長さではなく，開き具合によって決まることを理解できるようにする。

●**評価**

■角の大きさを比べるアイデアを話し合おうとしている。
■角の大きさが回転の大きさ（開き具合）であることに気づいている。

どちらの角が大きいかな

どうやってくらべる？

・半径(はんけい)の長さ
・重ねる
・開きぐあい
・めもりがあるといい

ペア

❶ 角の大きさを比べる方法を考える

　どちらの角が大きいかな？

大きさの違う2つの円の角度を同じにして提示します。
そして，「アとイのどちらの角が大きいかな？」と子どもたちに問います。

❷ 比べ方のアイデアを出し合う

　なぜイが大きいと思うのかな？

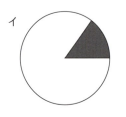

だって，イの方が円の大きさが大きいから…

　半径もイの方が長いね。

どちらの角が大きいと思うか，理由とともにペアで説明し合うようにします。
円の大きさや円の半径に着目し，イの方が大きいと説明する子が出てくるでしょう。また，中には同じだと考える子どももいるので，そのわけを尋ねます。

70　角と三角じょうぎ

| 準備物 | ・角をつくる教具（提示用）
・角をつくる教具（児童用） | 対話的な学び |  グループ学習 | ペア学習 |

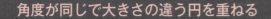

角度が同じで大きさの違う円を重ねる

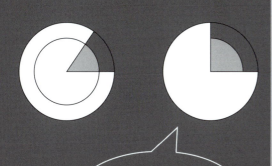

「同じ直角で、角の大きさは同じだよ！」

まとめ
　角は回していくとできてきます。
　開きが大きいと角が大きくなります。

ペア

❸角の大きさが同じであることを押さえる

「重ねてみると，どっちも開き具合は同じだね！」

▶　アとイの円を重ねてみることで，角の大きさは同じであるということに気づかせます。
　そして，角の大きさは，回転の大きさ（開き具合）であることを押さえます。

❹教具でいろいろな角をつくる

「どっちが大きいかな？」
「いろんな角ができるね！」

▶　今度は，子ども一人ひとりに教具を配り，ペア（またはグループ）になって，回転させて角をつくらせます。
　こうして，角の大きさの変化は回転することでできていくことを実感させます。

第1時　71

第2時 分度器で角の大きさをはかろう

角と三角じょうぎ
分度器の仕組みと使い方

● 授業の概要
　第1時では，角の大きさが回転の大きさ（開き具合）であることを押さえました。そこで，本時では，角の大きさがどれくらいかを知るために，分度器の仕組みや使い方，角の大きさを表す単位「度（°）」について学習します。進んで角の大きさを測ろうとする態度を育てます。

● ねらい
　分度器の仕組みや使い方，角の大きさの単位を理解し，角の大きさを測定することができるようにする。

● 評価
■ 分度器の仕組みや使い方，角の大きさの単位を理解している。
■ 分度器を使って角度を測定することができる。

> 分度器で角の大きさをはかろう
>
> 三角じょうぎをあてて
> 直角かどうかたしかめてみよう

❶ 三角定規で直角を確かめる

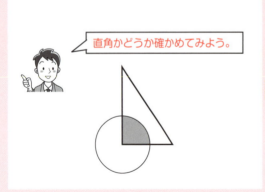

　前時で用いた角をつくる教具で直角をつくり，「直角かどうか確かめてみよう」と発問します。直角は，これまで学習した三角定規の中にもある角なので，三角定規を当て直角になっていることを確認します。

❷ 分度器について気づきを出し合う

　黒板に教師用の大きな分度器を提示します。子どもたちには，自分の分度器も見ながら，目盛りがどんな具合につけてあるかなどを観察させ，気づきを発表させていきます。
　その中で，一番小さい目盛りを「1度（いちど）といい，「1°」と書くことを押さえます。

準備物
・角をつくる教具（提示用）
・分度器，三角定規（提示用）
・分度器（児童用）

対話的な学び  グループ学習　 ペア学習

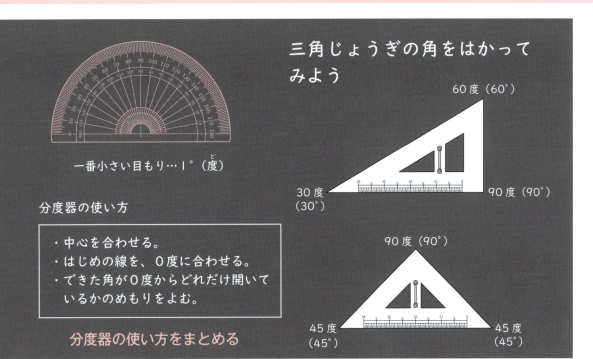

三角じょうぎの角をはかってみよう

一番小さい目もり…1°（度）

分度器の使い方
・中心を合わせる。
・はじめの線を、0度に合わせる。
・できた角が0度からどれだけ開いているかのめもりをよむ。

分度器の使い方をまとめる

60度（60°）
30度（30°）
90度（90°）

90度（90°）
45度（45°）
45度（45°）

❸ 分度器の使い方を押さえる

・中心を合わせる。
・はじめの線を、0度に合わせる。
・できた角が0度からどれだけ開いているかのめもりをよむ。

　分度器の使い方をまとめよう。

教師用分度器を使い，子どもを指名しながら，分度器で角度を測るときに大切なことを一つひとつ丁寧に確認していきます。

❹ 三角定規の角を分度器で測る

ペア

45度があるね。

60度もあるよ。

自分のもっている2つの三角定規を使って，それぞれの角の大きさを測る活動をします。ペアまたはグループになって，それぞれの角の大きさを確かめ合わせます。

第2時　73

第3時　角と三角じょうぎ
角の大きさは何度かな
分度器を使った角度の測定

● 授業の概要

　第2時において三角定規の角の大きさを測定し分度器の使い方に少しずつ慣れてきました。
　そこで本時では，さらに分度器の使い方に習熟できるように，180度より小さい角の大きさを測定します。

● ねらい

　分度器を使って角の大きさを測定する技能を伸ばす。

● 評価

■ 右開きの角度，左開きの角度を分度器を使って測定することができる。
■ 分度器を使って角度を正確に測定しようとしている。

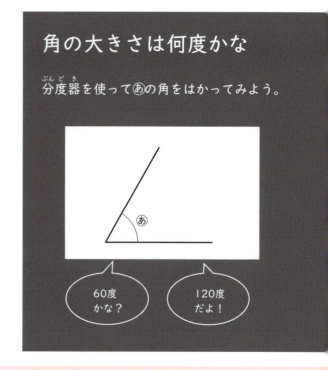

❶ 目盛りの読み方を押さえる

　教師は教師用分度器を使って，黒板に貼ってある角の大きさを測定します。子どもたちもプリントでⓐの角の大きさを調べます。子どもたちからは「60度だ」「いや120度だ」という発言が聞こえてきます。そこで，「60度という声と，120度という声があるけれど，どちらが正しい角度なんだろう？」と投げかけます。

❷ 正しい角度はどちらか話し合う

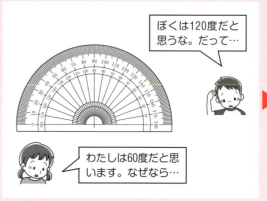

　120度だと思う子どもたちの考えと，60度だと思う子どもたちの考えの理由を，それぞれ操作しながら説明させます。そして，分度器を使った測定の仕方について，前時に学習したことをいま一度思い起こさせます。

準備物	・分度器㋐の図（提示用） ・分度器（児童用）	対話的な学び 

㋐の角は、何度かな？

・中心を合わせる。
・はじめの線を、0度に合わせる。
・できた角が0度からどれだけ開いているかのめもりをよむ。

分度器の使い方を改めて板書にまとめる

㋑の角は、何度かな？

㋒の角は、何度かな？

ペア

❸どちらに回転してできた角か確認する

 角はどちらに回って（開いて）できたかな？

　角は、0度の基準線が回転して（開いて）できた量であることを思い出させ、角㋐はどちらに回転してできたものであるのかを確認します。
　こうして、㋐の角は120度ではなく60度であることを押さえます。

❹右回転，90度以上の角を測定する

それぞれ角はどちらに回って（開いて）できたかな？

　続いて、プリントで㋑の角度を測定させます。まず、0度のスタートはどちらなのかを、ペアで確認させましょう。それから、右回転でできた角であることを確認して、自分の分度器を使って測定させます。
　また、90度をこえる角（㋒）の測定も練習します。最後に、教師が黒板上で分度器を使って確認します。

第3時　75

第4時 角と三角じょうぎ
角度のはかり方を考えよう
180度より大きな角の測り方

●授業の概要
　子どもたちはこれまで180度よりも小さい角の測定については理解し，測定することにも慣れてきています。そこで本時は，測定しようとする角の大きさが180度をこえた場合に分度器をどのように使って測定したらよいかを考えます。
　180度とあまった部分の角度を加えたり，360度から残りの角度をひいたりする考えを引き出していきます。

●ねらい
　180度をこえる角の大きさを測定する方法を理解することができるようにする。

●評価
■180度をこえる角の大きさを測定する方法を工夫して考えている。

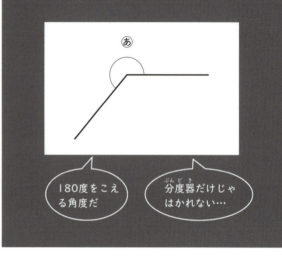

ペア

❶180度をこえる角度の測定方法を考える

　180度をこえる角の大きさは，分度器をそのまま置くだけでは測ることができないことを確認します。そこで，「分度器をどのように使ったら180度よりも大きな角の大きさが測れるだろうか」という問いを子どもにもたせます。

❷分度器の置き方，測り方を考える①

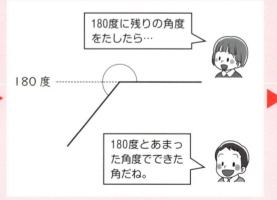

　測定したい部分をよく観察させます。そして，ペアでその角度がどんなふうに回転してできているのか考えさせます。話し合って気づいたことを発表する中で，求める角をどうしたら測定できるかのアイデアを発表してもらいます。

準備物
- 分度器（教師用）
- あの図（提示用）
- 分度器（児童用）

対話的な学び  グループ学習 ペア学習

180度をこえる角度のはかりかたを考えよう

ア　180度に残り(のこ)の角度をたす方法　　イ　360度から130度をひく方法

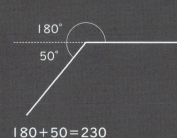

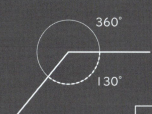

180＋50＝230
　　　　　230°

360－130＝230
　　　　　230°

180度や360度がどこに当たるかを
はっきりと板書する

A、B、C、Dの角度は何度かな？

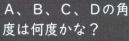

ペア

❸分度器の置き方，測り方を考える②

ア　180度に残りの角度をたす方法

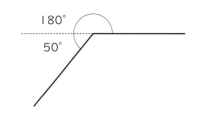

イ　360度から130度をひく方法

子どもたちから，アとイの方法が出てくることが予想されます。はじめはアの考えを共有させ，その後，1回転した角の大きさが360度であることに気づき，360度に満たない部分の角度をひいて出そうという考えを出した子どもたちにも，そのアイデアを発表してもらいます。

❹向かい合っている角の大きさを測る

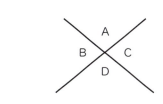

A，B，C，Dの角度は何度かな？

2つの直線で交わってできる角A，B，C，Dを測定して気づいたことをペアで話し合わせ，その後発表させましょう。そして，向かい合った角の大きさが等しいことをまとめましょう。

第4時　77

第5時 角と三角じょうぎ
60度の角をかいてみよう
分度器を使った角の作図

●授業の概要
前時までに，分度器を使った角度の測定を経験しました。本時では，分度器を使って角を作図するにはどうしたらよいかを考えます。目的の角度を作図するには，分度器の使い方を十分に身につけられるようにすることが大切です。

●ねらい
分度器を使って角を作図することができるようにする。

●評価
■ 定められた角を分度器を使ってかくにはどうすればよいか考えている。
■ 分度器を使って目的の角度を作図することができる。

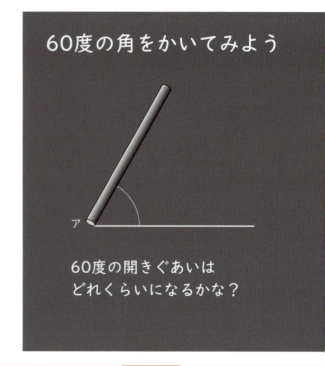

❶問題を捉える

「60度の角を分度器でかいてみよう。どうやってかけばいいかな？」

黒板に直線をかいて「60度の角を分度器でかいてみよう。どうやってかけばいいかな？」と子どもたちに投げかけます。教師は黒板上で棒を動かしながら，子どもたちはプリント上で鉛筆を動かしながら角をつくり，どのぐらいが60度になるかを予想します。

❷角のつくり方をペアで考える

ペア

「分度器の中心を，アに合わせなくてはいけないね。」
「まず，はじめの0度の線を引こう。」

ペアになってノートに直線（5cm）を引かせ，角のつくり方を話し合って考えさせます。どんな順にかいていったらよいか，ステップを箇条書きで書くように指示します。このペアでの話し合いに基づいて，全体で手順を確かめていきます。

準備物
・三角定規（教師用）
・分度器，角度をつくる棒（提示用）
・分度器（児童用）

対話的な学び  グループ学習 ペア学習

60度の角のかき方　　　150度や240度の角をかいてみよう

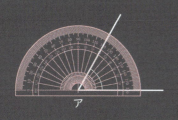
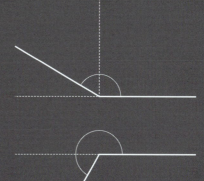

①直線をかく。
②分度器の中心をアに合わせる。
③0度の線を直線に合わせる。
④60度のめもりに印をつける。
⑤アと印を直線でむすぶ。

手順を箇条書きで板書する

❸手順を全体でまとめる

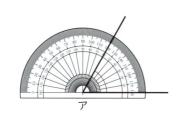

手順をみんなでまとめよう。

ペアで話し合ったことを基に，全体で分度器を使って角をつくる手順をまとめていきます。
①直線をかく。
②分度器の中心をアに合わせる。
③0度の線を直線に合わせる。
④60度の目盛りに印をつける。
⑤アと印を直線でむすぶ。

❹150度，240度の角をつくる

ペア

240は180＋60でできるね。
360から120をひいてもできるよ。

　90度より大きく180度より小さい角（150度），180度より大きい角（240度）をつくる練習を，ペアで話し合いながら行います。手が止まっているペアには，前時までの学習を思い出せるように教師が個別に支援をします。

第5時　79

第6時 三角形をかいてみよう
角と三角じょうぎ
分度器を使った三角形の作図

●授業の概要
　前時に分度器を使って角をつくることを学習したので，本時は，その技能を使って三角形を作図する方法を考え，作図できるようにします。三角形を作図するときは，一辺の長さとその両端の角の大きさがわかればよいという条件を考え，作図できるようにします。

●ねらい
　分度器を使って三角形を作図する方法を考え，作図することができるようにする。

●評価
■三角形を作図するときに，どの角の大きさがわかるとよいかを考えている。
■分度器を使って三角形を作図することができる。

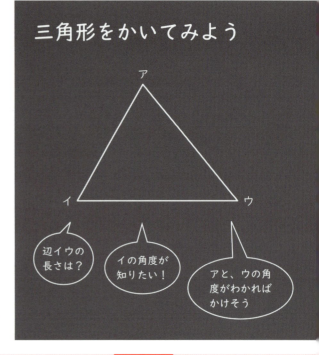

ペア

❶問題を捉える

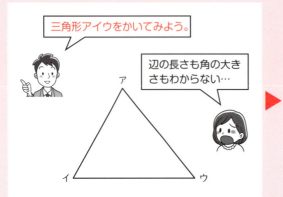

　はじめに条件不足の問題を提示して，何がわかれば三角形を分度器を使って作図することができるか考えさせます。そして，子どもたちからの質問を受けて，以下の3つの情報を与えます。
　①辺イウの長さは5cm
　②イの角度は60度
　③ウの角度は50度

❷三角形の作図方法をペアで考える

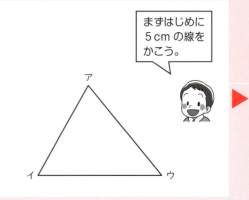

　与えられた条件に基づいて，分度器を使って三角形アイウを書く方法をペアで考えさせます。前時と同様に，どんな順にかいていったらよいか，ステップを箇条書きで書くように指示します。このペアでの話し合いに基づいて，全体で手順を確かめていきます。

準備物	・分度器（教師用） ・分度器（児童用）	対話的な学び	グループ学習	ペア学習

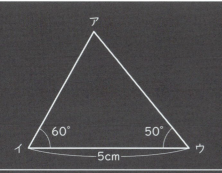

自分たちの三角形をかいてみよう。
1　辺イウの長さが□cm
2　イの角度が□度
3　ウの角度が□度

①直線イウの5cmをひく。
②分度器の中心をイに合わせる。
③0度の線と辺イウを合わせ、60度に印をつける。
④イと印を直線でむすび、辺アイをかく。
⑤分度器の中心をウに合わせる。
⑥0度の線と辺イウを合わせる。
⑦50度に印をつける。
⑧ウと印を直線でむすび辺アウをかく。

一つひとつ確認しながら手順を板書していく

グループ

❸手順を全体でまとめる

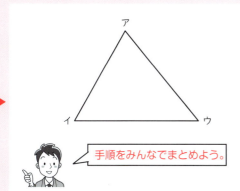

　ペアで話し合ったことを基に、全体で三角形アイウをかく手順をまとめていきます。一つひとつの作図と対応させながら、手順を箇条書きで板書していきます。

❹他の条件での三角形のつくり方を話し合う

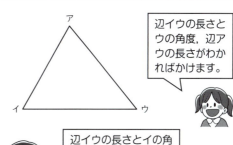

辺イウの長さとウの角度，辺アウの長さがわかればかけます。

辺イウの長さとイの角度，辺アイの長さがわかればかけるよ。

　グループになって、まず同じ条件で自分たちで考えた三角形をかかせ、習熟を図ります。また、残りの時間で、他の条件でも三角形アイウはかけるのかを話し合わせます。

第6時　81

第7時	角と三角じょうぎ
	いろいろな角度をつくろう
	三角定規を組み合わせてつくる角(1)

● 授業の概要

　三角定規のそれぞれの角度が，30度，60度，90度，45度，45度，90度であることは，第2時で測定しました。そこで本時は，三角定規の角を組み合わせてどんな角度ができるのかを考えていきます。

● ねらい

　1組の三角定規を組み合わせて，いろいろな大きさの角をつくることができるようにする。

● 評価

■1組の三角定規を組み合わせて，いろいろな大きさの角をつくることができる。
■組み合わせを予想しながらいろいろな角をつくろうとしている。

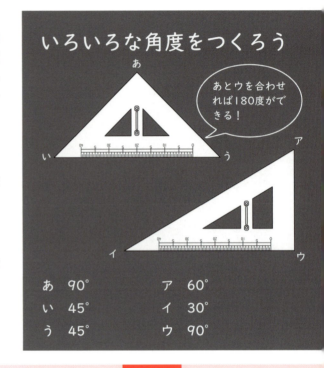

❶ 三角定規を組み合わせできる角度を予想する

　2つの三角定規を組み合わせるとどんな角ができそうかを予想させます。
　予想を発表させながら，「2つの三角定規を実際に組み合わせて，角度をつくってみよう」と投げかけます。

❷ いろいろな角度をつくる

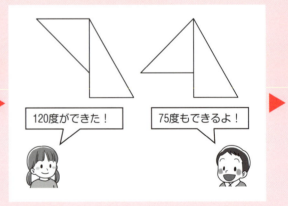

　ペアになって，1組の三角定規を組み合わせながら，いろいろな角度をつくっていきます。どんなふうに組み合わせてどんな角度ができたのかをノートに記録させます。ある程度時間が経過したところで，全体に向けてできた角度を発表させます。

準備物	・三角定規（提示用） ・三角定規（児童用）

グループ学習

ペア学習

対話的な学び

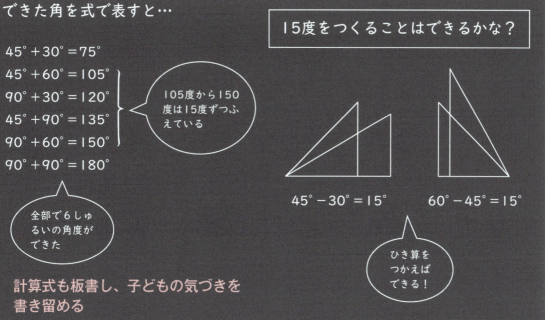

❸できた角度を式に表し，気づきを出し合う

できた角度を計算式とともに大きさ順に並べ，気づいたことを発表させます。
「15度ずつ増えていっているところがある」といった気づきが出てきたら，「30度や60度や90度はどこにあるのだろうね？」などと問い返します。

❹15度のつくり方を考える

ペア

最後にもう一度ペアになり，1組の三角定規を使って，15度をつくる方法を考えます。45°－30°，60°－45°という2つの方法に多くのペアが気づいたところで，これまでに見てきたようなたし算だけでなく，ひき算に結びつく組み合わせ方もあることを押さえます。

第7時　83

| 第8時 | 角と三角じょうぎ
180度をつくろう
三角定規を組み合わせてつくる角(2) |

● 授業の概要

　三角定規2枚を使っていろいろな角をつくることができたことから，本時は，三角定規を何枚か組み合わせることでどんな角ができるのかを考えさせます。
　定められた角をつくってみようとする活動を通して，角度の計算の習熟を図ったり，組み合せを考える力を高めたりすることができます。

● ねらい

　何枚かの三角定規を使って，いろいろな180度のつくり方を考えることができるようにする。

● 評価

■三角定規を何枚か組み合わせて，180度の角をつくるにはどうしたらよいかを考えている。

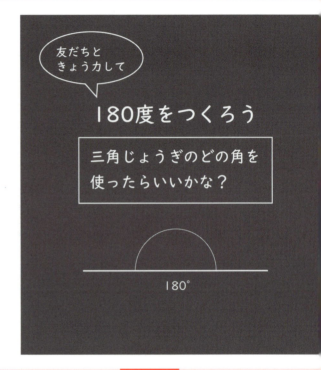

❶ 1組の三角定規で180度をつくる

　前時の復習も兼ねて，まずは1組（2つ）の三角定規を使って，180度のつくり方を考えます。しばらく時間を与えて考えさせ，2つの直角を合わせることで180度ができるということを確認します。

❷ 3つ以上の三角定規で180度の角をつくる

グループ

　今度は，6人グループになって，3つ以上の三角定規を使って180度になる角の組み合わせを考えさせます（6人グループにするのは，30°×6＝180°の組み合わせがあるためです）。三角定規をどんなふうに組み合わせたのかを計算式とあわせてノートに記録させるようにします。

準備物	・三角定規（教師用） ・三角定規（児童用）

対話的な学び グループ学習  ペア学習

図と式で表すと…

30°＋30°＋30°＋90°

30°＋60°＋90°

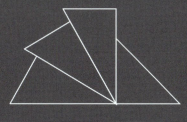

図と計算式を対応させて板書する

45°＋45°＋90°

30°＋30°＋30°＋30°＋30°＋30°

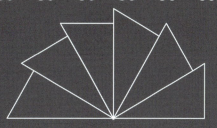

グループ

❸180度のつくり方を発表する

私たちは、「30°＋60°＋90°」で180度をつくったよ。

　各グループで考えた180度のつくり方を順番に発表していきます。三角定規の角の組み合わせ方を式で発表して，それが三角定規で考えるとどのような組み合わせになるのかをみんなに考えてもらいます。

❹他の角のつくり方を考える

「60°＋30°＋30°」で120度だね。

30度が5つで150度ができるよ。

　最後に，120度や150度を3つ以上の三角定規を使ってつくる方法も考えさせます。1組（2つ）の三角定規で120度や150度をつくることは前時にも経験しているので，そのときのことも思い出しながら挑戦させます。

単元末の確認問題

　　　　　　　　　　　年　　　　組　　　名前

1　角度を分度器ではかりましょう。

(1)
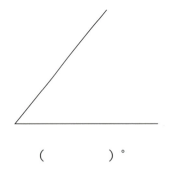
　　　（　　　　）°

(2)
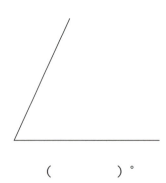
　　　（　　　　）°

(3)

　　　（　　　　）°

(4)
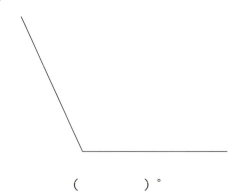
　　　（　　　　）°

(5)
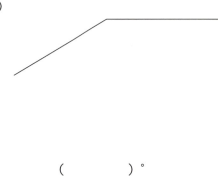
　　　（　　　　）°

(6)
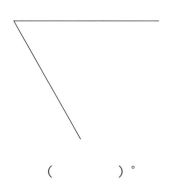
　　　（　　　　）°

答え　(1) 50°　(2) 65°　(3) 90°　(4) 115°　(5) 210°　(6) 300°

86　角と三角じょうぎ

2　下と同じ三角形を，分度器を使ってかきましょう。

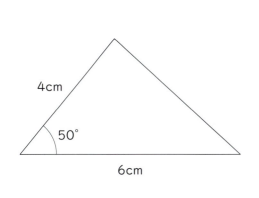

3　1くみの三角じょうぎでできる角度を考えましょう。

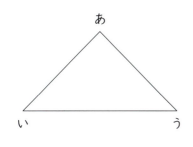
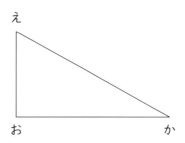

(1)　2つの角で180°になるものは　　　角（　　　）と角（　　　）

(2)　2つの角で150°になるものは　　　角（　　　）と角（　　　）

(3)　2つの角で75°になるものは　　　角（　　　）と角（　　　）

(4)　2つの角で135°になるものは　　　角（　　　）と角（　　　）

(5)　2つの角で15°をつくるには　　　（　　　　　　　　　　　　　　）

答え　(1) あ，お　　(2) あ，え　　(3) い（う），か　　(4) い（う），お
　　　(5) 角「い（う）」から角「か」をひく／角「え」から角「い（う）」をひく

垂直・平行と四角形

全14時間

1 単元の目標と評価規準

　直線の位置関係や四角形についての観察や構成などの活動を通して，直線の垂直や平行の関係，台形，平行四辺形，ひし形について理解させ，図形についての見方や感覚を豊かにする。

知識・技能	垂直な2直線や平行な2直線及び，台形，平行四辺形，ひし形の定義や性質について理解している。垂直な2直線や平行な2直線及び，台形，平行四辺形，ひし形をかくことができる。
思考・判断・表現	辺の位置関係や構成要素を基に，各四角形の性質を見いだし表現したり，各四角形の対角線の性質を統合的に捉えたりしている。
主体的に学習に取り組む態度	身の回りから垂直な2直線や平行な2直線及び，台形，平行四辺形，ひし形などを見つけ，それらが使われる場面について考えようとしている。

2 単元の概要

(1)教材観・指導観

　本単元は，台形や平行四辺形やひし形などの基本的な四角形の性質を調べ，理解することを主なねらいとしています。四角形の学習では，向かい合う辺や角，隣り合う辺や角など図形を考察していくときに新たな観点を必要とします。そこで，まず図形の基本概念である直線の垂直や平行について指導します。次に，台形や平行四辺形やひし形などの四角形について，それらの図形の性質や対角線を理解し，弁別できるようにします。また，作図したり長さや角度を測ったりするなどの操作活動を通して，四角形の特徴を捉えられるようにします。

　指導にあたっては，いろいろな四角形について，その性質やかき方を考えていく過程において，子ども自らが図や言葉で説明したり，友だちと意見交換したりする場を設定することで，思考力・判断力・表現力等の育成を図ります。

(2)数学的活動について

　本単元では，台形や平行四辺形やひし形などの四角形の性質を見いだす過程で，三角定規や

分度器，コンパスなどを使って図形を調べる活動を多く設定します。

　また，自分の考えを説明する活動を意図的に設定することで，図形を考察したことを振り返りながら理解を深めていきます。さらに，相手を意識して説明をする経験を多く積ませることで，思考の深まりと数学的な表現力の高まりが期待されます。

3　単元の指導計画（全14時間）

節	時	学習活動
直線の交わり方	1	・2本の直線の交わり方を調べ，「垂直」の意味を知る。
	2	・2枚の三角定規を使った垂直な直線のかき方を考える。 ・垂直な直線をかく。
直線のならび方	3	・直線の並び方を調べ，「平行」の意味を知る。 ・身の回りにある平行な直線を見つける。
	4	・平行な直線とそれと交わる直線でできる角度を調べ，平行な直線は他の直線と等しい角度で交わることをまとめる。 ・平行な直線の幅を調べ，平行な2直線間の距離は一定であることをまとめる。
	5	・2枚の三角定規を使った平行な直線のかき方を考える。 ・平行な直線をかく。
	6	・方眼を手がかりにして，垂直や平行な直線の見つけ方を考える。
いろいろな四角形	7	・四角形の仲間分けをし，台形と平行四辺形の定義を知る。
	8	・辺の長さや角の大きさを調べ，平行四辺形の性質をまとめる。
	9	・平行四辺形のかき方を考える。 ・平行四辺形の定義や性質を基に，平行四辺形をかく。
	10	・ひし形の定義を知り，ひし形の性質をまとめる。
	11	・ひし形のかき方を考える。 ・ひし形の意味や性質を用いて，ひし形をかく。
	12	・平行四辺形やひし形や台形を敷き詰める。
対角線と四角形の特ちょう	13	・いろいろな四角形の頂点を結んで特徴を調べ，「対角線」の意味を知る。 ・いろいろな四角形の対角線の特徴をまとめる。
	14	・平行四辺形，長方形を1本の対角線で切り分けてできる，2つの三角形について調べる。 ・それらを組み合わせて，いろいろな四角形をつくる。

単元について　89

第1時 たからさがしをしよう
垂直・平行と四角形
垂直の意味

●授業の概要
　宝の地図（直線図）を提示し，宝探しゲームを行います。どんな交わり方をしているところに宝があるのか予想し，確かめることで，垂直の意味理解を図っていきます。

●ねらい
　2本の直線の交わり方を調べ，垂直の意味を理解することができるようにする。

●評価
■宝のある場所の直線の交わり方について「直角」に着目して考え，説明している。
■垂直の意味を理解している。

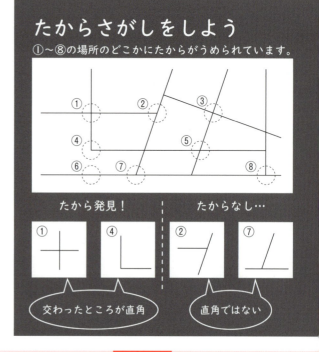

❶宝探しをする（カードを何枚かめくる）

　宝の地図と直線が交わったところを拡大した8枚の直線図カードを黒板に貼ります（垂直に交わる直線図カードの裏には宝の絵がかかれています）。代表の子どもに直線図カードを選ばせ，裏をめくって宝があるかどうか確認します。すべてめくらずに，半分程度でとどめます。そうすることで，宝がある場所の共通点を主体的に考えていこうという意欲を高めることができます。

❷宝のある場所のきまりについて考える

ペア

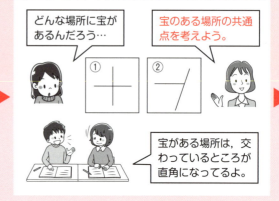

　宝がある場合と宝がない場合の直線図カードを見比べ，共通点や相違点について意見を出し合います。直角に着目できた段階で，三角定規を使って直角を確かめる活動を行い，宝のある場所のきまりを全体で確認します。

準備物　・宝の地図（提示用）
　　　　・直線図カード（提示用）

対話的な学び  グループ学習　 ペア学習

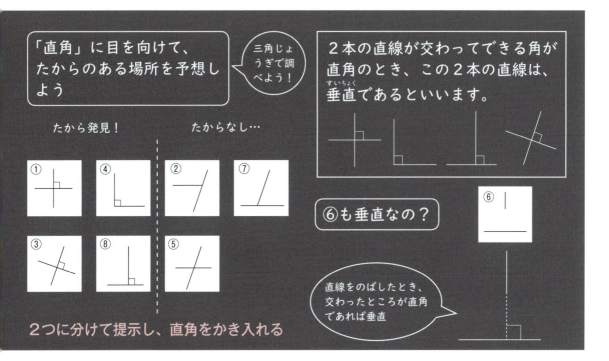

❸ 直角を調べながら宝の場所を予想する

残った場所について，三角定規を使って「直角」を確かめる活動をペアで行います。子どもたちが，宝がある場所を予想できた段階で，一緒に直線図カードをめくり，宝があるかどうか確かめていきます。ここで「垂直」の定義づけをします。「直角は垂直を見つけるための宝物なんだよ」と声かけすることで，本時の学習の理解がさらに深まります。

❹ 2本の直線が交わっていない場合について考える

最後に⑥の直線図カードをめくります。多くの子どもたちは「宝なし」と予想しますが，実際は「宝あり」。それまでの学習で「宝＝直角」と学習していますので，子どもたちは定規を使って直線を延長し，直角を見つけ，垂直の概念をより確かなものにしていきます。

第1時　91

第2時　垂直・平行と四角形
垂直な直線をかこう
垂直な直線の作図

●授業の概要
1時間目は，地図の直線を使った宝探しをすることで，直角に目を向けて垂直な直線を探すことができるようになりました。本時では，垂直の定義に照らし合わせながら三角定規などを使って垂直な直線をかいていくことで，さらに垂直に対する理解を深めていきます。

●ねらい
三角定規などを使って垂直な直線をかくことができるようにする。

●評価
■1組の三角定規を使って垂直な直線をかくことができる。

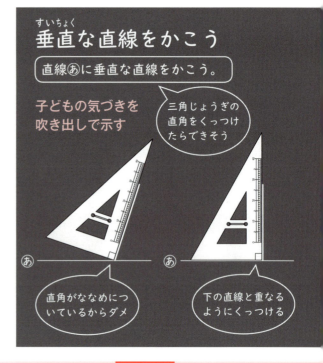

❶垂直の定義を確認する　ペア

「垂直」という言葉の意味について，ペアで確かめよう。

2本の直線の交わってできる角が直角だったら垂直だよね。

授業の最初に，前時の学習を振り返り，垂直の定義を確かめます。「2本の直線が交わってできる角が直角であれば垂直である」という言葉が，垂直な直線をかく手がかりになります。

❷直線に垂直な直線をかくための方法を話し合う　ペア

直線あに垂直な直線をかきたいのですが，どうしたらいいかな？

三角定規には直角があるから使えそうだね。

三角定規をどのように使ったらいい？

直角部分を直線に合わせるといい。

「直角」をキーワードに，使う道具について話し合い，それをどのように操作したらよいかペアで相談させます。黒板で意図的に誤った三角定規の使い方を示し，それを定義の言葉を使って訂正させることで学びがさらに深まっていきます。

| 準備物 | ・三角定規（提示用，児童用）
・分度器（提示用，児童用）
・定規（提示用，児童用） |

対話的な学び　グループ学習　ペア学習

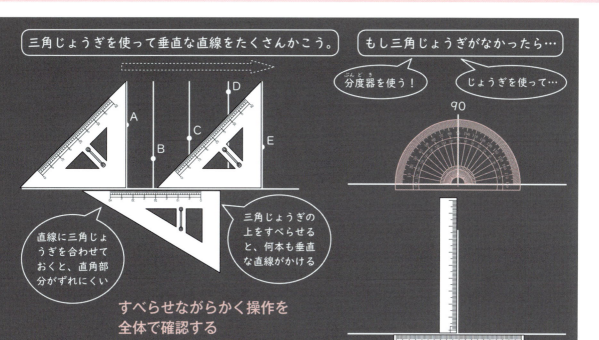

ペア

❸三角定規を２枚使ってかくよさに気づく

三角定規を２枚使って，直線あに垂直な直線を何本かかいてみよう。

直線あに三角定規を合わせておくと，直角をぴったり合わせやすいな。

三角定規を２枚使うと，簡単に垂直な直線が何本もかけました。

　三角定規を２枚使って垂直な直線を複数かく活動を行います。ここでは「直角をぴったり合わせやすくなる」というよさに加え，「一方の三角定規だけを動かすことで何本も垂直な直線がかける」というよさに気づかせることもできます。また，この活動は平行な直線をかく活動にもなっており，垂直と平行をつなげる意味合いもあります。

❹垂直な直線をかく方法をいくつか考える

三角定規がもしなかったら，垂直な直線はかけないのかな？

直角は90°だから分度器を使えばできそうだよ。

定規の角も直角だから，かけそうだね。

　三角定規がない場合について考えさせることで，子どもたちは，垂直な直線は直角が入っているものであればかけることに気づき，さらに垂直の理解を深めることができます。思いついた方法を使ってペアで交互に垂直をかく活動を取り入れるのも効果的です。

第２時　93

第3時 垂直・平行と四角形
交わる？ 交わらない？
平行の意味(1)

● **授業の概要**

第1時で使った宝の地図（直線図）を提示し，直線をのばしたら交わるかどうか考えていきます。交わらない直線にはどのようなきまりがあるか，「直角」や「垂直」をキーワードに話し合い，「平行」という定義を理解させます。また，「平行な直線の組」を三角定規を使って見つける活動を通して平行な直線の素地を養います。

● **ねらい**

2本の直線の並び方を調べ，平行の意味を理解することができるようにする。

● **評価**

■ 交わらない直線の並び方について直角や垂直に着目して考え，説明している。
■ 平行の意味を理解している。

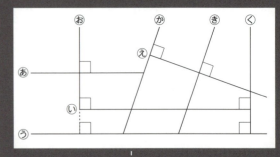

ペア

❶ 直線の並び方について考える

あいうえの直線をのばしていくとどの直線が交わり，どの直線が交わりませんか？

直線えをのばしていくと，他の直線と交わります。

直線あ，直線い，直線うは，のばしてもお互いは交わりそうにありません。

第1時で使った地図（直線図）を用いて，直線の並び方について考えていきます。導入では横の4本の直線だけを扱い，問いをもつきっかけにします。授業の後半に縦の4本の並び方について，視点をもって平行を調べる活動を行います。

❷ のばしても交わらない直線について話し合う

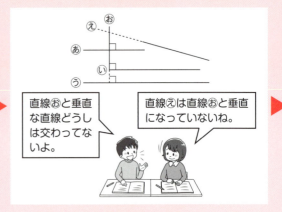

直線おと垂直な直線どうしは交わってないよ。

直線えは直線おと垂直になっていないね。

「どんな直線は交わらないのだろう」というめあてをもって，交わる直線と交わらない直線を比較します。ペアで話し合う中で子どもたちは「直角」や「垂直」という平行の定義につながるポイントを見つけていきます。その後，どんな直線が交わらないのか全体で確認し，「平行」の定義づけを行います。

準備物
・宝の地図（提示用）
・三角定規（提示用，児童用）

対話的な学び

グループ学習

ペア学習

のばしても交わりそうにない直線について調べよう。

直線おかきくの中で平行な直線の組はどれ？

直線かと直線き⇒直線えと垂直
直線おと直線く⇒直線いと垂直

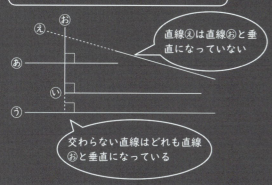

直線えは直線おと垂直になっていない

交わらない直線はどれも直線おと垂直になっている

1本の直線に垂直な2本の直線は平行であるといいます。

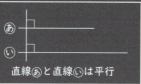
直線あと直線いは平行

子どもが見つけたものを板書する

身の回りの平行を探してみよう

まど　　たな　　教科書
ノート　　そうじロッカー
ドア　　黒板

ペア

❸直線から平行な直線の組を見つける

残り4本の直線から平行な直線の組を見つけてみよう。また，なぜ平行になっているか，友だちに説明しよう。

直線おと直線くは平行だと思います。理由はどちらも直線いに垂直だからです。

次に，縦4本の直線の並び方について調べていきます。今度は「平行」という言葉と定義を理解しているため，平行な直線を見つけるだけでなく，「垂直」という言葉を使って2本の直線が平行であることをペアの友だちに説明させることで平行の理解をさらに深めることができます。

ペア

❹身の回りにある平行な直線を探す

教室の中にも平行な直線はあるかな？探してみよう。

窓やそうじロッカー，天井や床のタイルにも平行な直線があります！

もし身の回りのものが平行でなかったらどうなるだろう？

もし窓が平行でなかったら閉まらないし，いろんなものが使いにくくなるね。

最後に，教室の中にある平行な直線を探します。子どもたちは意欲的にたくさんの平行を見つけてきます。そこで，「もし平行な直線でなかったら？」と投げかけ，子どもたちに考えさせることで，平行な直線の利便性や美しさを実感させることができます。

第4時 | 垂直・平行と四角形
平行な直線にもっとくわしくなろう
平行の意味(2)

● 授業の概要

　前時で学んだ平行の定義を振り返り，平行な直線にはさらにどんなきまりがあるのか調べていきます。平行な直線と交わる直線によってできる角の大きさや，平行な直線の幅を調べ，平行な直線の性質について理解させていきます。

● ねらい

　平行な直線と交わる直線によってできる角の大きさや，平行な直線の幅を調べ，平行な直線の性質を理解することができるようにする。

● 評価

■平行な直線と交わる別の直線によってできる角の大きさは等しいことや，平行な直線の幅は等しいことを理解している。

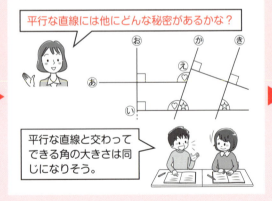

ペア

❶ 平行な直線の定義を振り返る

 平行な直線とはどんな直線のことでしたか？ ペアで話してみよう。

 １本の直線に垂直な２本の直線のことを平行といっていたよね。

平行な直線はどこまでのばしても交わることはないよ。

　前時に学習した平行な直線について，定義やそのとき気づいたことなどをペアで伝え合い，学びを振り返らせます。ここで出し合ったことが，本時の学びのスタートになります。

ペア

❷ 平行な直線と交わる直線について観察する

平行な直線には他にどんな秘密があるかな？

平行な直線と交わってできる角の大きさは同じになりそう。

　平行な直線には「１本の直線に垂直」という定義以外にどんな性質があるのか，直線図を観察しながら予想させていきます。予想したことを出し合う過程で，子どもたちは「平行な直線と交わる直線によってできる角の大きさは同じではないか」という見通しをもちます。自分たちで予想を立てることで，より主体的な学びにつながっていきます。

準備物
・宝の地図（提示用，児童用）
・分度器（提示用，児童用）
・三角定規（提示用，児童用）

対話的な学び
グループ学習　　ペア学習

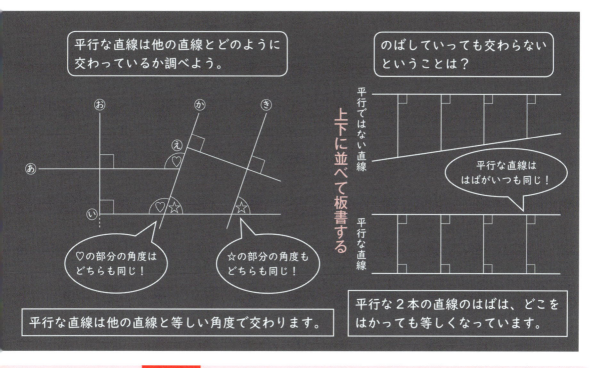

ペア

❸分度器を使って角の大きさを調べる

♡や☆の部分の角をペアで協力して調べてみよう。

♡の角も☆の角もそれぞれ同じ大きさだったよ。

次は，平行な直線に別の直線をかいて角度を調べてみよう。

　分度器を使って♡と☆の部分の角の大きさを調べていきます。調べる中で子どもたちは，「平行な直線と交わる直線によってできる角の大きさは同じ」という平行な直線の性質に気づいていきます。さらに平行な直線にもう１本直線をかき，その角の大きさを調べることで，平行な直線の性質の理解を深めることができます。

❹平行な直線の幅について調べる

平行な直線はどうしてのばしていっても交わらないのかな？

平行ではない直線はどんどん幅が狭くなっている。

平行な直線はどこの幅も等しいから交わらないんだね。

　最後に「平行な直線をのばしても交わらない」という言葉について考えていきます。ここでは，平行な直線と平行ではない直線を比較することで，「平行な直線の幅の秘密」について，子どもたちに気づかせていきます。

第４時　97

第5時　垂直・平行と四角形
平行な直線をかこう
平行な直線の作図

●授業の概要
　第3，4時では，平行な直線を見つけたり，平行な直線の性質について調べたりしてきました。本時は，平行の定義に照らし合わせながら三角定規などを使って平行な直線をかくことで，さらに平行に対する理解を深めていきます。

●ねらい
　三角定規などを使って平行な直線をかくことができるようにする。

●評価
■1組の三角定規を使って平行な直線をかくことができる。

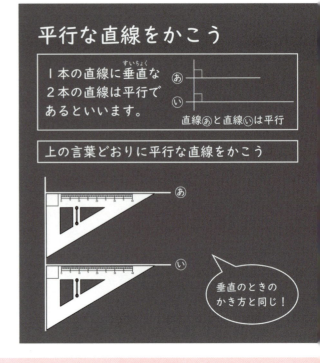

❶平行の定義を確認する

　授業の最初に，前時までの学習を振り返り，平行の定義を確かめます。「1本の直線に垂直な2本の直線は平行である」という言葉が，平行な直線をかく手がかりになります。

❷平行の定義に合わせて平行な直線をかく

　平行な直線の定義の言葉の通りに作図を進めていきます。はじめに1本の直線をかき，この直線に垂直な直線を2本かくことで，簡単に平行な直線をかくことができます。この活動を行うことで垂直の学びを生かしていることを実感したり，三角定規を2枚使った作図に自然につながったりします。

準備物　・三角定規（提示用，児童用）

対話的な学び　グループ学習　ペア学習

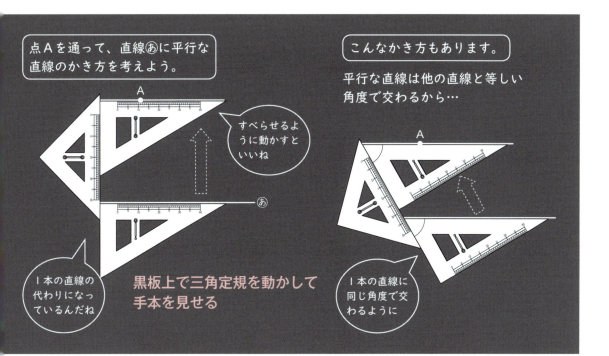

❸ 直線あに平行な直線のかき方を考える

点Aを通り，直線あに平行な直線のかき方を考えよう。直線あに合わせた三角定規は適当に動かしていいのかな…

1本の直線にどちらも垂直じゃないといけないから，適当はだめ。

もう1枚の三角定規を直線の代わりにくっつけたらよさそうだよ。

　三角定規を2枚使って平行な直線をかく活動を行います。先ほどの課題と違い，今回は定義の中の「1本の直線」がありません。その部分をどうするか問い，ペアで考えさせることで，もう1枚の三角定規を直角部分にくっつける必要性を感じさせることができます。

❹ 平行な直線の性質を生かした作図をする

直角じゃないところをくっつけてもかけるかな…

60°の角を使って同じようにかいてみよう。

　最後に，平行な直線の性質を活用した作図方法について考えていきます。本時の導入と同様に言葉に着目しながら，直角以外の角を用いて平行な直線をかくことで，平行な直線の性質の理解をさらに深めることができます。

垂直・平行と四角形

第6時 方眼を使って垂直や平行を見つけよう
方眼を活用した垂直・平行の見つけ方・かき方

● 授業の概要

本時はまず，方眼紙の特徴をつかみます。次にその特徴を基に垂直や平行な直線を見つけていきます。活動の中で垂直や平行な直線を見つけるポイントをつかみ，そのポイントを基に垂直や平行な直線をかく活動につなげていきます。

● ねらい

方眼を使って，垂直や平行な直線を見つけたりかいたりすることができるようにする。

● 評価

■方眼の特徴を基に，垂直や平行な直線を見つけたりかいたりすることができる。

方眼を使って垂直や平行を見つけよう

方眼紙の特ちょうを出し合おう。

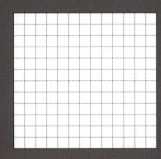

○正方形がたくさん並んでいる
○たて線と横線は垂直
○たて線とたて線，横線と横線はそれぞれ平行

ペア

❶方眼紙を観察し，気づいたことを出し合う

方眼紙を見て，気づいたことを出し合おう。

何も書かれていない方眼紙を提示し，気づいたことを出し合わせます。ここでは「正方形が敷き詰められている」「縦線と横線は垂直である」「縦線と縦線，横線と横線はそれぞれ平行である」など，様々な性質があることを子どもたち自身に気づかせます。ここでの気づきが，方眼を使った垂直や平行の作図につながっていきます。

❷方眼にかかれた直線から垂直を探す

方眼の特徴を生かして，垂直な直線を見つけよう。

あとおは方眼の縦線と横線だから垂直だね。

うとえは見た感じ垂直になっていそうだね。

方眼にかかれた7本の直線から，垂直の組み合わせを探します。まずは見た目で垂直を予想します。その後，三角定規で確かめたり，方眼や正方形の対角線の性質を使いながら，垂直であることをペアで説明し合ったりします。

100　垂直・平行と四角形

準備物	・三角定規（提示用，児童用） ・方眼紙（提示用，児童用）

対話的な学び　グループ学習　ペア学習

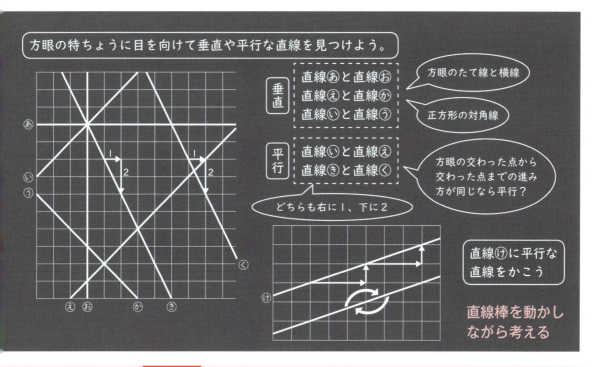

❸ 方眼紙にかかれた直線から平行を探す

次は平行な直線を見つけてみよう。

○と○は平行。どちらも○と垂直だからです。

三角定規で確かめたら○と○も平行だった。

　次は，平行な直線を見つけます。予想したら，三角定規を2枚使って，平行になっているか確かめます。また，「どうなっていたら平行な直線なのか」ということを問い，ペアで考えさせることで，方眼の交点を基にした直線の傾き具合について表現できるようにしていきます。

❹ 方眼を使って垂直や平行な直線をかく

先生が棒を動かします。直線○に平行になったときにストップと言ってください。

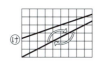

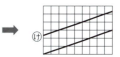

ストップ！　直線棒も右3つ，上に1つになった！

　直線の棒を使って，垂直や平行な直線についての学習を全体でまとめていきます。直線の棒という操作ができる教具を使うことで，問題を変えることや正答や誤答の比較をすることができるようになります。全体で学習をまとめてから，自分の方眼紙を使って垂直や平行な直線をかかせることで，習熟を図ることができます。

第6時　101

垂直・平行と四角形

第7時 四角形くじ引きをしよう
台形・平行四辺形の定義

●授業の概要
　これまで垂直や平行の概念やかき方などを指導しました。本時では「平行」という新しい視点を基に四角形を捉え直します。台形を「当たり」，平行四辺形を「大当たり」とし，その当たりの秘密について「平行」に着目しながら主体的に考え，台形と平行四辺形の定義を理解させていきます。

●ねらい
　四角形くじ引きの当たりの秘密を考える活動を通して，台形と平行四辺形の定義を理解することができるようにする。

●評価
■四角形くじ引きの当たりの秘密について「平行」に着目して考え，説明している。
■台形と平行四辺形の定義を理解している。

四角形くじ引きをしよう
どんな四角形が当たりなのかな？

当たり　　平行な辺の組がある

はずれ　　平行な辺の組がない

台形と一般的な四角形を数枚ずつ貼る

ペア

❶四角形くじ引きをする

　台形と一般的な四角形を数枚ずつ黒板に貼り，代表児童に引いてもらいます。引く前に予想をさせることで，全員に図形の構成要素に着目しながら考えさせることができます。

❷当たりの秘密について考える

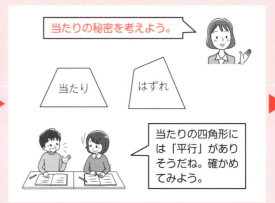

　当たりとはずれの四角形をそれぞれ見比べ，共通点や相違点についてペアで意見を出し合わせます。「平行」に着目できた段階で，三角定規を使って平行を確かめる活動を行い，当たりの秘密を全体で確認します（平行を確かめる活動は四角形の作図につながっているので，ここできちんと指導しておくことがポイントです）。

準備物	・くじ引き用の四角形（提示用）	対話的な学び	

グループ学習

ペア学習

平行四辺形を貼り、予想させる

「大当たり」とはどういうことなのだろう？

当たりは平行な辺が1組だけど、大当たりは平行な辺が2組ある

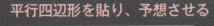

向かい合う1組の辺が平行な四角形を台形といいます。

向かい合う2組の辺がどちらも平行になっている四角形を、平行四辺形といいます。

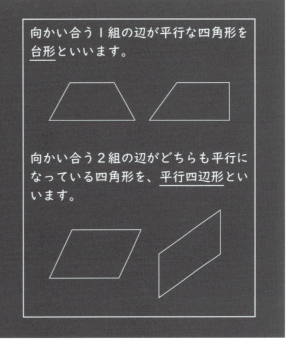

ペア

❸ 大当たりの秘密について考える

これは当たりとはずれどっちだと思う？

どうして「大当たり」なんだろう。

当たりの四角形は平行が1組だったけど、大当たりの四角形は平行が2組ある。

　当たりとはずれの秘密がわかったところで、平行四辺形を提示します。裏をめくると、「大当たり」と書かれています。当たりと大当たりの違いを考える中で平行の組の数に着目させ、台形と平行四辺形の定義づけをします。

ペア

❹ 台形や平行四辺形を見つける

①は平行が1組だから台形だ。

③は平行が2組だから平行四辺形。

　最後に一般の四角形、台形、平行四辺形がかかれたワークシートを配付します。示された四角形がそれぞれ何という名前か、定義された言葉を使ってペアの友だちと交互に説明し合い、学びを深めます。

第8時 垂直・平行と四角形
平行四辺形にくわしくなろう
平行四辺形の性質

●授業の概要

　前時に「平行」という視点を基に四角形を捉え直し，台形と平行四辺形の定義を指導しました。本時では，平行四辺形の辺の長さや角の大きさを調べ，平行四辺形の性質について指導します。また，その性質を使って平行四辺形についての問題を解かせることで，平行四辺形に対する理解を深めていきます。

●ねらい

　平行四辺形の辺の長さや角の大きさを調べ，平行四辺形の性質を理解できるようにする。

●評価

■平行四辺形の性質を理解している。
■平行四辺形の性質を使って，辺の長さや角の大きさを求めることができる。

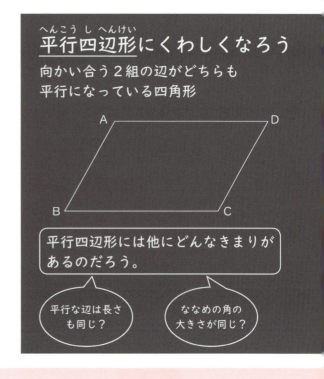

❶ 平行四辺形を観察し，性質について予想する

　まずは平行四辺形の定義を確認します。次に，平行四辺形を観察し，平行以外のきまりについて考えてさせていきます。ペアで話し合うことで，子どもたちは「辺の長さ」や「角の大きさ」に着目し，平行四辺形のきまりを予想させていきます。そこで，子どもたちが予想した平行四辺形のきまりが本当かどうか，ものさしや分度器を使って調べよう，というめあてを設定します。

❷ 平行四辺形の辺の長さや角の大きさを調べる

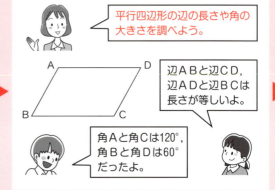

　ものさしや分度器を使って，辺の長さや角の大きさを調べていきます。その過程で，子どもたちは辺の長さや角の大きさが等しいことに気づいていきます。1つの平行四辺形だけでなく，ペアやグループで協力して，いくつかの平行四辺形を調べることを通して，平行四辺形の性質について一般化を図ることができます。

準備物
・分度器（提示用，児童用）
・定規（提示用，児童用）
・コンパス（提示用，児童用）

対話的な学び
グループ学習　ペア学習

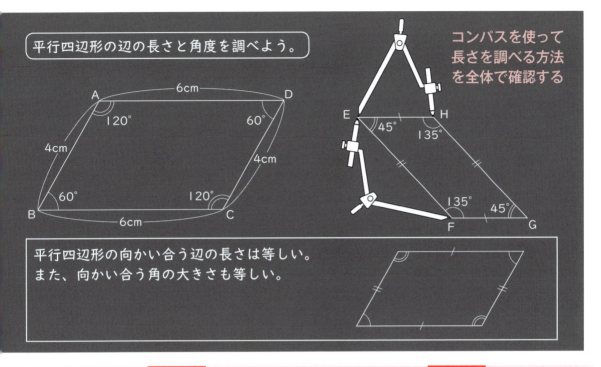

❸ 平行四辺形の性質をまとめる

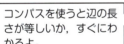
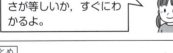

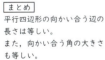

　複数の平行四辺形を調べる際，コンパスを使った辺の長さ調べをすることがポイントです。コンパスで平行四辺形の辺の長さを写し取る活動が，平行四辺形の作図の素地になります。また，調べた結果から平行四辺形にはどんなきまりがあるか，ペアで言語化させることで，さらに理解が深まります。

❹ 練習問題に取り組む

(1) 辺AD，DCの長さを求めよう。
(2) 角C，Dの大きさを求めよう。

平行四辺形は向かい合う辺の長さが等しいから辺ADは7cmです。

　最後に練習問題に取り組ませます。答え合わせをするときは，平行四辺形の性質を使いながら，自分の考えを説明し合わせることで，学習内容の定着がより一層確かなものになります。

第8時　105

第9時 平行四辺形をかこう
垂直・平行と四角形
平行四辺形の作図

●授業の概要
本時は，平行四辺形の定義や性質の言葉を基に，三角定規やコンパスを活用しながら平行四辺形を作図していきます。作図の仕方をペアやグループの友だちに説明したり，自分の考えとは違った方法でも作図をしたりしながら，平行四辺形の作図の理解を深めさせていきます。

●ねらい
平行四辺形の定義や性質を意識しながら，平行四辺形のかき方を理解することができるようにする。

●評価
■平行四辺形のかき方を，平行四辺形の定義や性質を活用して考え，説明している。
■平行四辺形を正しく作図することができる。

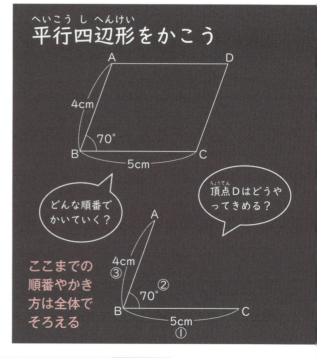

❶作図の順番を考える

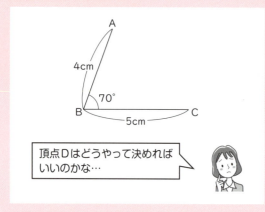

平行四辺形の作図の学習では，まず，どこからかいていくのか，必ず全体で共通理解を図ることが大切です。ここでは，辺BCからかき，次に角B，そして辺ABをかいていくことを全体で確認します。それから「頂点Dはどうやって決めたらよいか」というようにして，問題を焦点化していきます。

❷頂点Dの決め方を考える

頂点Dの決め方をペアで話し合い，作図の見通しをもたせます。子どもたちの困り感が大きいようであれば，教師から「平行四辺形はどんな図形だったかな？」と問いかけ，子どもたちが平行四辺形の定義や性質を振り返るようにします。

| 準備物 | ・三角定規（提示用，児童用）
・分度器（提示用，児童用）
・定規（提示用，児童用）
・コンパス（提示用，児童用） | 対話的な学び |  グループ学習 | ペア学習 |

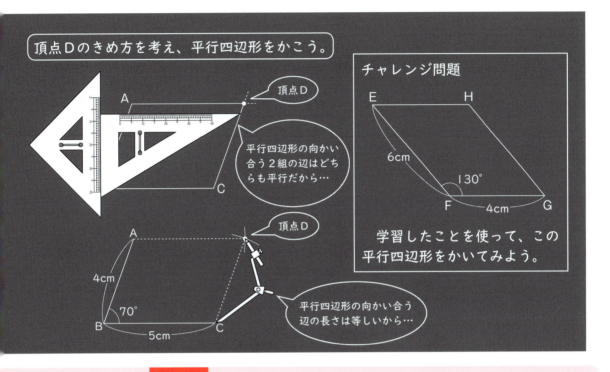

❸ 平行四辺形をかき，自分のかき方を説明する

作図ができたら，ペアやグループで作図の仕方を説明し合わせます。何のために三角定規やコンパスを使ったのか，平行四辺形の定義や性質の言葉を説明の中に用いるよう意識させることで，作図の理解がさらに深まります。

❹ 練習問題に取り組む

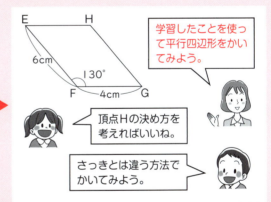

最後に，学んだことを生かして，練習問題に取り組ませます。作図の順序をペアで確かめたり，新たに学習した方法で作図をしたりすることで，平行四辺形の作図の習熟を図ることができます。

 ペア

第10時　垂直・平行と四角形
何が同じ？　何が変わった？
ひし形の定義や性質

●授業の概要
　本時は，4本の直線棒の角をハトメでとめ，長方形や正方形の形にした教具を使い，これまで学習してきた四角形どうしのつながりを整理します。長方形を動かしたときにできる図形は何なのか，「同じところ」や「変わったところ」に目を向けながら考察します。同じように正方形を動かす中で「ひし形」の定義や性質を押さえます。

●ねらい
　既習の四角形のつながりに気づかせ，ひし形の定義や性質を理解することができるようにする。

●評価
■これまで学習してきた四角形のつながりについて調べ，説明している。
■ひし形の定義や性質を理解している。

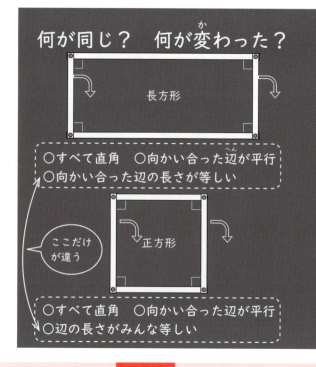

❶長方形や正方形の定義や性質を出し合う

　直線棒でつくった教具を提示し，長方形と正方形の定義や性質を出し合います。「辺の長さ」「平行」「角の大きさ（直角）」の3つのキーワードが，図形を変えたときの視点になります。

❷長方形を変化させた図形について考える　　ペア

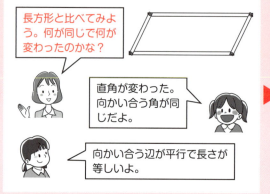

　長方形が変化していく様子を見せます。変化した図形が長方形と比べて，何が同じで何が変わったのか問うことで，長方形と平行四辺形とのつながりについて，子どもたちは主体的に学んでいきます。

| 準備物 | ・直線棒でつくった正方形・長方形（提示用）
・分度器（提示用）
・三角定規（提示用） | 対話的な学び  グループ学習 ペア学習 |

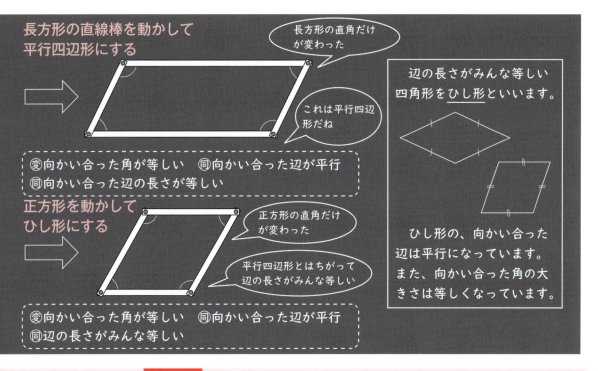

❸ 正方形を変化させた図形について考える

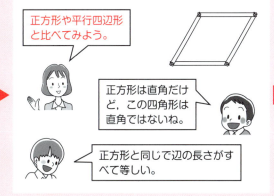

正方形が変化していく様子を見せます。変化した図形が，正方形と比べて何が同じで何が変わったのか問うことで，正方形とひし形とのつながりについて子どもたちが主体的に学んでいきます。

❹ ひし形の定義や性質をまとめ，習熟を図る

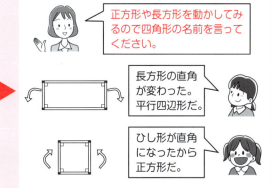

ひし形の定義や性質についてまとめます。学習の振り返りとして，正方形や長方形の教具を動かしながら，提示した四角形の名前を答えさせるようなゲーム形式の練習問題に取り組ませ，習熟を図ります。

第11時　ひし形をかこう
垂直・平行と四角形
ひし形の作図

●授業の概要
前時に，ひし形の定義や性質について指導しました。本時はひし形の定義や性質を基にひし形のかき方を考えます。自分の作図の方法を友だちに説明したり，友だちの作図の意味を考えたりしながら，ひし形についての理解を深めていきます。

●ねらい
ひし形の定義や性質を基にした，ひし形のかき方を理解することができるようにする。

●評価
■ひし形のかき方を，ひし形の定義や性質を活用して考え，説明している。
■ひし形を正しく作図することができる。

❶ひし形の定義を振り返り，問題を捉える

授業の導入では，ひし形の定義や性質を振り返ります。ひし形とは「辺の長さがすべて等しい四角形」であるという定義が，作図をするときの大きな手がかりになります。また，はじめに提示するひし形は辺の長さのみを決め，様々なひし形がかけることを共通理解しておくことが大切です。

❷ひし形のかき方を考え，作図する

ペア

ペアや全体で，ひし形をどのようにかいていくか見通しをもちます。前時までの学習を振り返り，平行四辺形の作図方法が使えそうだということに気づかせることで，子どもたちは意欲的に作図に取り組むことができます。

| 準備物 | ・直線棒でつくった正方形・長方形（提示用）
・コンパス（提示用，児童用）
・三角定規（提示用，児童用）
・分度器（提示用，児童用） | 対話的な学び | グループ学習 | ペア学習 |

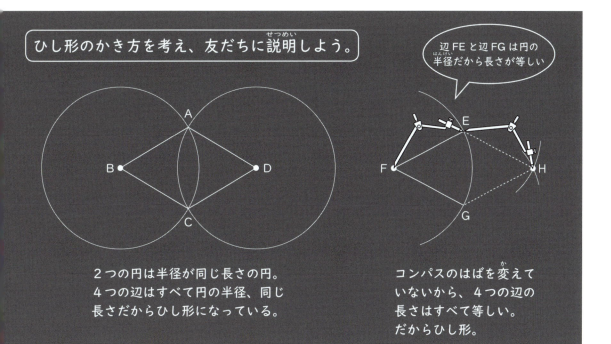

ひし形のかき方を考え、友だちに説明しよう。

2つの円は半径が同じ長さの円。4つの辺はすべて円の半径、同じ長さだからひし形になっている。

辺FEと辺FGは円の半径だから長さが等しい

コンパスのはばを変えていないから、4つの辺の長さはすべて等しい。だからひし形。

ペア

❸自分の考えを説明し合う

自分の考えをペアの友だちに説明してみよう。

半径が5cmの円を2つかきました。それぞれの中心と交わったところを結ぶと半径は等しいからひし形になります。

ぼくは平行四辺形のときと同じように、コンパスを使って最後の頂点を決めました。

❹練習問題に取り組む

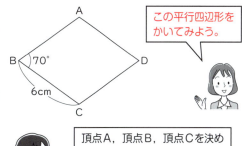
この平行四辺形をかいてみよう。

頂点A，頂点B，頂点Cを決めてから、コンパスを使って頂点Dを決めればいいね。

　ひし形の作図方法は大きく2つあります。1つは半径の等しい円を2つかき，中心と交点を結ぶ方法。もう1つは3つの頂点を決め，コンパスを使って最後の頂点を決める方法です。どちらの方法も全体で取り上げ，その方法で作図するとひし形になる理由を説明し合うことで，図形に対する見方や考え方を豊かにすることができます。

　最後に練習問題に取り組ませます。練習問題では，角度が決まっているひし形を提示し，子どもたちに作図の仕方を選択する必要感をもたせます。ペアやグループで作図の仕方を見合う活動を取り入れることで，作図の習熟を図ることができます。

垂直・平行と四角形

第12時 四角形をしきつめよう
四角形の敷き詰め

●授業の概要
　本時は形も大きさも同じ四角形を敷き詰める活動を通して，敷き詰め模様の美しさに触れさせるとともに，図形についての見方や感覚を豊かにしていきます。敷き詰め模様を観察し，平行四辺形の新たなきまりを考えたり，違う形の四角形を見つけ，説明し合ったりすることで，四角形に対する理解をさらに深めていきます。

●ねらい
　合同な四角形を敷き詰め，図形についての見方や感覚を豊かにする。

●評価
■四角形を工夫して敷き詰めようとしている。
■敷き詰め模様を観察し，違う形の四角形を見つけ，説明している。

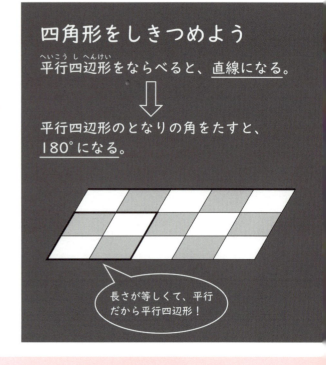

❶平行四辺形を敷き詰める

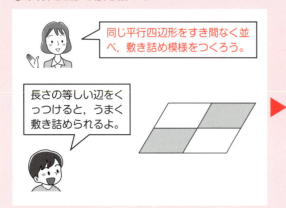

　はじめに，子どもたちに，敷き詰め（すき間なく，広がりがあるように並べること）の意味を伝えます。その中で，どのように並べると敷き詰められるか問いかけ，「長さの等しい辺をくっつける」というポイントを押さえ，敷き詰め模様づくりをしていきます。

❷敷き詰め模様を観察し，気づきを出し合う

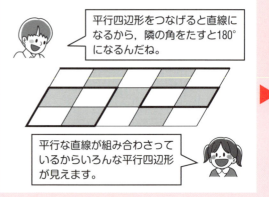

　敷き詰め模様を観察し，気づいたことを出し合います。「違う大きさや形の四角形は見つけられるかな？」などと投げかけ，視点を与えながら，子どもたちの図形の見方を広げていきます。また，見つけた四角形が平行四辺形になっていることを説明し合わせることで，これまでの学習の習熟を図ることができます。

| 準備物 | ・敷き詰め用の図形（提示用，児童用） | 対話的な学び  グループ学習 | ペア学習 |

> ひし形をしきつめよう。

- ひし形を4つ合わせると、大きなひし形になる
- 向かい合う辺が平行で等しいから平行四辺形

> 台形をしきつめよう。

- 台形を回して組み合わせると平行四辺形になる
- 台形をしきつめたのに、ちがう形のしきつめもようも見える

子どもの気づきを吹き出しで板書する

ペア

❸ ひし形や台形の敷き詰め模様をつくる

- 長さが等しいから敷き詰めやすいな。
- 回しながら交互に並べると敷き詰められたよ。

　ペアで分担して，ひし形と台形の敷き詰め模様をそれぞれつくらせます。平行四辺形を敷き詰めるときの操作と比較しながら，敷き詰める際のポイントを全体で確認しながら活動します。

ペア

❹ 敷き詰め模様を観察し，気づきを伝え合う

- ひし形を4枚組み合わせると，大きなひし形になるんだね。
- 四角形以外の図形の敷き詰め模様も見つけたよ。
- 台形を回してくっつけると平行四辺形になるときがあるんだね。
- いろんな形の平行四辺形が見えるね。

　最後に，ひし形と台形の敷き詰め模様を観察し，気づいたことを伝え合います。見つけた図形が本当にひし形か，辺の長さに着目しながら説明させたり，六角形などの違う形の敷き詰め模様を見つけさせたりすることで，図形に対する興味・関心が高まります。

第13時　垂直・平行と四角形

四角形の対角線の特ちょうを調べよう
四角形の対角線

● 授業の概要

　本時は「対角線」という新しい視点を基に，四角形に対する見方や考え方を豊かにしていきます。また，対角線の特徴を基に四角形をかく活動を通して，対角線や四角形に対する理解を深めていきます。

● ねらい

　対角線の意味を知り，様々な四角形の対角線の長さや交わり方を調べ，その特徴を理解することができるようにする。

● 評価

■ 対角線の意味を理解している。
■ それぞれの四角形の対角線の特徴を理解している。

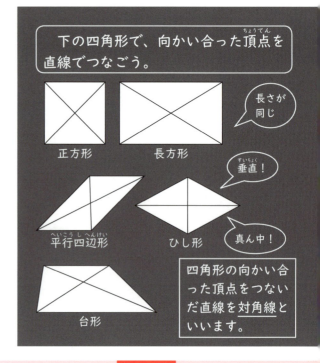

❶ 対角線の意味を理解する

向かい合った頂点を直線でつなごう。

三角形が2つできた。

このような直線を対角線と言います。では，もう1本の対角線もかいてみよう。

　まず，これまで学習してきた四角形を提示し，四角形の名前を確認します。次に，向かい合った頂点を直線でつなぎ，「対角線」という用語と定義を理解させていきます。対角線を1本かくと，四角形が三角形2つに分割されることや，四角形の対角線は必ず2本かけることを確認します。

❷ 対角線の違いについて気づいたことを出し合う

それぞれの対角線はどんな違いがあるかな？

長方形は対角線の長さが等しいけど，平行四辺形は長さが違うね。

対角線の交わり方も四角形によって違いがありそうだね。

　それぞれの四角形の対角線を観察し，どのような違いがあるか，ペアで話し合います。それぞれの四角形の対角線を比較させることで，「長さが等しい」「垂直に交わる」「それぞれの真ん中で交わる」など，調べる視点が焦点化されます。

114　垂直・平行と四角形

| 準備物 | ・四角形の図（提示用） |

グループ学習

ペア学習

四角形の対角線の特ちょうを調べよう　　表にまとめる

	正方形	長方形	平行四辺形	ひし形	台形
2本の対角線の長さが等しい	○	○	×	×	×
2本の対角線が垂直に交わる	○	×	×	○	×
2本の対角線がそれぞれの真ん中で交わる	○	○	○	○	×

対角線の特ちょうから、どんな四角形か考えよう。

❸それぞれの対角線の特徴を調べる

それぞれの対角線の長さや交わり方を調べてみよう。

正方形の対角線は全部○がついた。正方形は特別な図形なんだね。

多くの四角形の対角線が、それぞれの真ん中で交わっているね。

対角線が垂直になるのは、正方形とひし形だけだ。

　二次元表を使って、それぞれの対角線の特徴をまとめていきます。表ができ上がったら、○の数や共通点や相違点など、気づいたことや感じたことを出し合わせます。「垂直になるのは正方形かひし形だけ」「正方形と長方形は対角線の長さは等しい」など、大切なポイントを全体で確認し、共通理解を図ります。

❹対角線の特徴に着目してどんな四角形か考える

左は垂直で長さも等しいから、正方形だね。

右は真ん中で交わってるだけだから平行四辺形。

　最後に2本の直線棒を使って、対角線の長さや交わり方からどんな四角形になるかを考えるゲームをします。はじめは全体で行い、慣れてきたらペアで問題を出し合うなど、直線棒を操作することで、対角線と四角形の関係についての理解を深めることができます。

第14時　垂直・平行と四角形
平行四辺形や長方形を変身させよう
合同や対称の素地

●授業の概要
本時では，まず平行四辺形や長方形を対角線で分割してできる２つの三角形が合同であることを，重ねる活動を通して理解させます。次に，２つの三角形を，回したり裏返したりしながら，いろいろな四角形をつくる活動を通して，次学年以降で学習する合同や対称な図形の素地を養います。

●ねらい
１本の対角線で分けてできた２つの三角形は合同であることを理解させ，それらを組み合わせて四角形をつくることで，合同や対称の素地を養う。

●評価
■１本の対角線で分けてできた２つの三角形は合同であることを理解している。
■合同な２つの三角形を組み合わせて，いろいろな四角形をつくることができる。

ペア

❶平行四辺形を１本の対角線で切る

「平行四辺形を１本の対角線で切ります。どんな形になるかな？」

「三角形が２つできました。」

「ぴったり重なったから２枚の三角形はまったく同じということだね。」

はじめに，対角線の言葉の意味を振り返ります。次に，平行四辺形を対角線で切ったときにできる三角形がどのような三角形か考えさせ，重ねることで「形も大きさも同じ三角形（合同）」であることを理解させます。

❷２枚の三角形を組み合わせて四角形をつくる

「２枚の三角形を組み合わせて，四角形をつくってみよう。」

「同じ長さの辺をくっつけるとできるよ。」

「回したり裏返したりするといろんな四角形ができる。」

ペアで三角形を操作しながら四角形づくりに取り組ませます。２枚の三角形をぴったり重ねた状態から，同じ辺がくっつくように回したり，裏返したりしながら，四角形をつくっていきます。できた四角形は次々に黒板に提示し，全体で観察することで，共通点や相違点を押さえていきます。

準備物	・平行四辺形，長方形の色板（提示用，児童用）	対話的な学び	

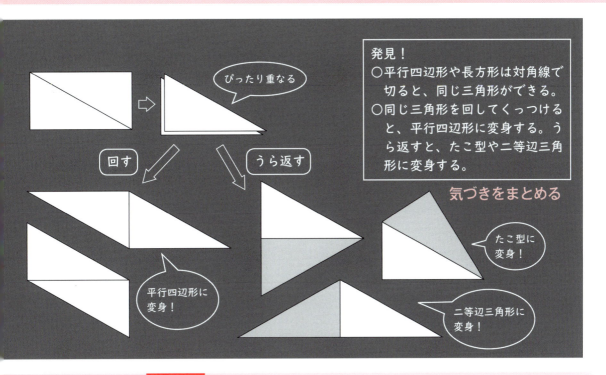

❸長方形を1本の対角線で切り，四角形をつくる

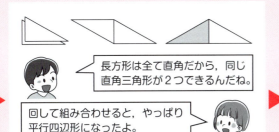

長方形は全て直角だから，同じ直角三角形が2つできるんだね。

回して組み合わせると，やっぱり平行四辺形になったよ。

直角のところで裏返すと，二等辺三角形ができるよ。

　平行四辺形と同じように，長方形でも1本の対角線で切り，回したり，裏返したりしながら図形を変身させていきます。平行四辺形のときにできた図形と比較し，共通点や相違点について話し合わせることで，図形に対する見方や考え方を豊かにすることができます。

❹学習したことをまとめる

学習したことを振り返ろう。

平行四辺形や長方形は対角線で切ると，同じ形の三角形が2つできる。

回したり裏返したりすると，いろんな四角形ができました。

正方形やひし形や台形でも変身させてみたいな。

　最後に学習したことを振り返ります。合同な三角形を回して組み合わせると，平行四辺形になることや，裏返してくっつけるとたこ型の四角形や二等辺三角形になることなどをまとめることで，次学年以降に学習する合同や対称な図形の素地を養うことができます。

第14時　117

第7時のワークシート

　　　　　　　　　　　年　　　　組　　　　名前

1　（　　　　　）にあてはまる言葉を答えましょう。

　(1)　向かい合う1組の辺が平行な四角形を（　　　　　　　）といいます。

　(2)　向かい合う2組の辺がどちらも平行になっている四角形を，（　　　　　　　）
　　　といいます。

2　下の図形を調べ，台形には○を，平行四辺形には◎を，それ以外の四角形には×を書きましょう。

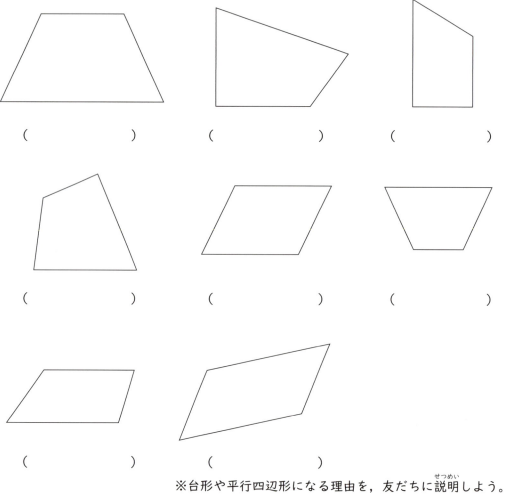

※台形や平行四辺形になる理由を，友だちに説明しよう。

118　垂直・平行と四角形

第13時のワークシート

年　　　組　　　名前

1　下の図形を調べ，名前を（　　　　）に書きましょう。
　　また，それぞれの図形に，対角線をかきましょう。

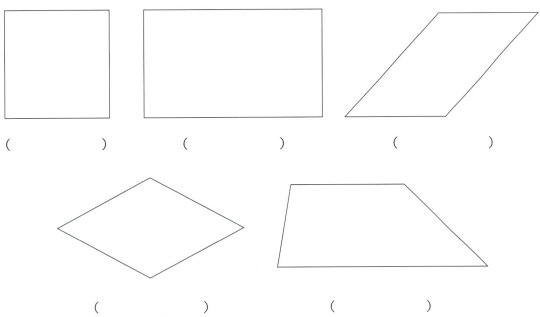

（　　　　）　　　（　　　　）　　　（　　　　）

（　　　　）　　　（　　　　）

※四角形の向かい合った頂点をつないだ直線を対角線といいます。

2　それぞれの図形の対角線を調べ，当てはまるものには○を，
　　当てはまらないものには×をかきましょう。

	正方形	長方形	平行四辺形	ひし形	台　形
2本の対角線の長さが等しい					
2本の対角線が垂直に交わる					
2本の対角線がそれぞれの真ん中で交わる					

一億をこえる数とそのしくみ

全6時間

1 単元の目標と評価規準

　一億や一兆をこえる数の表し方や仕組みに関心をもたせ，数の読み方，書き方を理解できるようにする。また，３位数×３位数の筆算の仕方を考えさせ，計算できるようにする。

知識・技能	大きな数の構成と仕組みを理解している。 ３位数×３位数の筆算ができる。
思考・判断・表現	数のまとまりに着目し，大きな数の大きさの比べ方や表し方を統合的に捉えようとしている。
主体的に学習に 取り組む態度	一億や一兆をこえる大きな数の表し方や仕組みに関心をもっている。

2 単元の概要

(1)教材観・指導観

　本単元は，一億や一兆をこえる数の表し方や仕組みに関心をもち，数の読み方，書き方を理解できるようにすることを主なねらいとしています。万，億，兆と数の範囲が拡張されるにつれて，子どもは数の大きさを実感を伴って捉えることが困難になってきます。そこで，国の人口，予算など具体的な数を取り上げ，数の読み方，書き方を理解できるようにしていきます。

　指導にあたっては，億とか兆という大きな数を，すでに学習している数の仕組みを基に捉えさせるようにします。一億までの数は，４桁ごとに一，十，百，千を繰り返す仕組みになっています。一億をこえる数についても同様に，４桁ごとに一，十，百，千の単純な繰り返しの仕組みになっていることに気づかせることが大切です。４桁区切りになっていることは，１万倍すれば，次の大きな位になるということです。つまり，１の１万倍は一万であり，一万の１万倍は一億，一億の１万倍は一兆という十進位取り記数法の仕組みを確実に捉えさせたいところです。

(2)数学的活動について

　本単元では，大きな数の読み方，書き方を指導するにあたって，位取り表や図を活用して考

えさせ，4桁ごとに一，十，百，千を繰り返していることを確認する活動を多く設定します。

また，大きな数を10倍した数や，$\frac{1}{10}$にした数を考えさせるときには，答えをノートに書くだけではなく，位取り表を基に説明したり，図をかいたりするなどの活動を意図的に設定することで，十進位取り記数法の仕組みを振り返りながら理解を深められるようにしていきます。相手を意識して説明する経験を多く積ませることで，思考の深まりと数学的な表現の高まりが期待されます。

3 単元の指導計画（全6時間）

節	時	学習活動
一億や一兆をこえる数とそのしくみ	1	・億の位までの数の読み方，書き方を知る。
	2	・兆の位までの数の読み方，書き方を知る。
	3	・大きな数を，構成的な見方や相対的な見方から捉える。
	4	・整数の仕組みを調べる。
大きな数の計算	5	・大きな数の乗法や加減の答えを，既習の計算から相対的な見方を活用して求める。
	6	・3位数×3位数の筆算の仕方を考える。

単元について　121

第1時 一億をこえる数を調べてみよう
一億をこえる数とそのしくみ
一億をこえる数の読み方，書き方

●授業の概要

　一億をこえる大きな数を捉えられるようにするために，本時では，世界地図を使って各国の人口を調べ，その読み方を考えさせます。まず，一億未満の国（オーストラリア）の人口を読んでから，一億をこえる日本や他の国の人口の正しい読み方を考えさせていきます。

●ねらい

　一億をこえる大きな数を調べ，正しく読んだり，書いたりすることができるようにする。

●評価

■日本や諸外国の人口を読むことに積極的に取り組んでいる。
■一億をこえる数を正しく読んだり，書いたりすることができる。

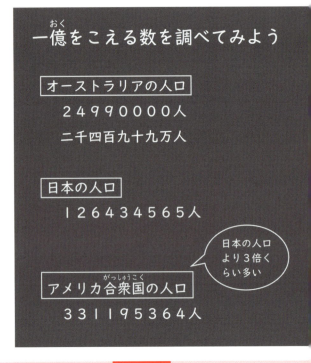

❶問題場面を捉える　　　　　❷一億をこえる数の読み方を考える

　授業の最初に，3年の学習を振り返りながら，オーストラリアの人口（一億より小さい数）の読み方を確認します。
　その後，日本とアメリカ合衆国の人口を提示し，「日本の人口と他の国の人口をくらべて読んでみよう」と本時のめあてを提示します。

　一億については3年生で学習していますが，億の単位については学習していないので，千万の位までの数の仕組みを関連づけて，位を唱えながら一緒に調べていくようにします。
　ペアやグループをつくり，ホワイトボードに自分の考えを書き，話し合いをさせてもよいでしょう。

122　一億をこえる数とそのしくみ

準備物	・十進位取り表（提示用）

対話的な学び グループ学習 ペア学習

人口の数と位取り表がそろうように板書する

日本の人口と他の国の人口をくらべて読んでみよう

｜日本｜　　1 2 6 4 3 4 5 6 5
　　　　　　一億 二千 六百 四十 三万 四千 五百 六十 五

｜アメリカ合衆国｜　3 3 1 1 9 5 3 6 4
　　　　　　　　三億 三千 百 十 九万 五千 三百 六十 四

4けた区切りで読むと、大きな数も読めるよ

地図を見て、他の国の人口も調べよう

	1	2	6	4	3	4	5	6	5
位	十億の位	一億の位	千万の位	百万の位	十万の位	一万の位	千の位	百の位	十の位	一の位

位取り表を使うと世界の国々の人口も読めるよ

---

❸ 読み方の工夫を説明する

どのように考えたか説明しよう。

数字の下に位を書いてみたよ。

```
 1 2 6 4 3 4 5 6 5
 一 千 百 十 一 千 百 十 一
 億 万 万 万 万
```

▶ 自分で考えた読み方の工夫を説明させます。人口を表す数字の下に位を書き込むなどの工夫をしている子どもを紹介します。

❹ 数の仕組みを確かめる

「億」「万」の位を書かなくても読めるかな？

```
   1 2 6 4 3 4 5 6 5
　千 百 十 一 千 百 十 一 千 百 十 一
　　　　億　　　　　万
```

▶ 千万までの数の仕組みを基に類推させ、数の仕組みを確かめていくことが大切です。
　位取り表を使わないで数を読むことができるようになることが最終目標ですが、そこに至るまでに、4桁区切りで正しく大きな数を読むことができるようにするのがポイントです。

第1時 123

第2時 一億をこえる数とそのしくみ
一兆をこえる数を調べてみよう
一兆をこえる数の読み方，書き方

● **授業の概要**

前時では，一億をこえる大きな数を調べる中で，十億の位までの数の正しい読み方，書き方を指導しました。本時では，一兆をこえる数について，その読み方，書き方について指導していきます。

● **ねらい**

一兆をこえる大きな数を調べ，正しく読んだり，書いたりすることができるようにする。

● **評価**

■ 万，億までの数の仕組みを基に，兆の位の仕組みを類推している。
■ 4桁ごとに「万」「億」「兆」になることに着目し，読んだり，書いたりすることができる。

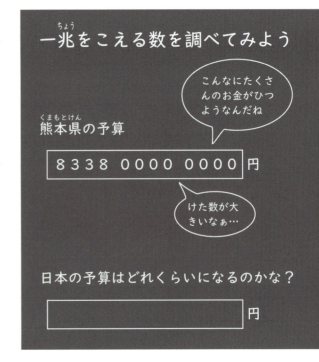

❶ 問題場面を捉える

位が随分大きいけど，読めるかなぁ…

熊本県の予算と日本の予算をくらべて読んでみよう。
熊本県　　8338 0000 0000 円
日　本　　9771 2800 0000 000 円

授業の最初に，「予算」という言葉の意味を押さえます。そして，「熊本県の予算　8339 0000 0000円」と板書し，一兆未満の大きな数の読み方を確認します。

その後，日本の予算額を提示して，どのような読み方になるかを考えさせます。

❷ 数の読み方を予想する

日本の予算は，熊本県の予算より2桁大きいなぁ…

 一万より小さい数や一億より小さい数は4桁区切りになっていたね。

熊本県　　8338 0000 0000 円
日　本　　9771 2800 0000 000 円

まずは日本の予算の読み方を各自で考えさせます。「日本の予算は，熊本県の予算より2桁大きい」「一万より小さい数や一億より小さい数は4桁区切りになっていた」といった考えを取り上げて，新しい単位（兆）の必要性に気づかせます。

| 準備物 | ・十進位取り表（提示用） |

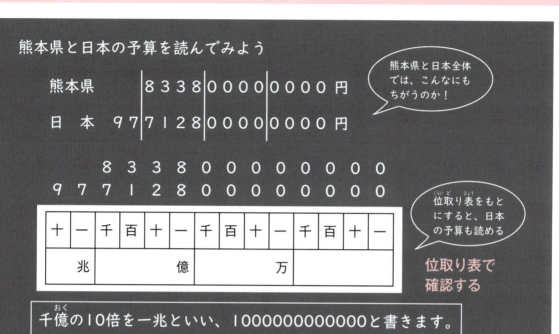

❸読み方の工夫を説明する

　黒板やホワイトボードに自分の考えを書くなどして，読み方の工夫を説明させます。
　前時と同様に数字の下に位を書いている子どもや，一億から一兆までの数の仕組みを示す関係図に矢印で10倍，100倍などと書き込む工夫をしている子どもを紹介します。

❹数の仕組みを確かめる

　最後に，改めて，千万までの数の仕組みから類推して，億，兆数の仕組みを確かめていきます。
　ここでも，位取り表を使わないで数を読むことができるようになるのが最終目標ですが，そこに至るまでに，4桁区切りで正しく大きな数を読むことができるようにするのがポイントです。

第3時 一億をこえる数とそのしくみ
3億4000万はどんな数かな
数の構成的な見方，相対的な見方

●授業の概要
　前時までに，一億，一兆をこえる数の仕組みを理解させ，それらの数の読み方，書き方を指導しました。本時では，構成的な見方や相対的な見方から数を多面的に捉えさせたり，大きな数の数系列を理解させたりすることをねらいとして指導します。

●ねらい
　構成的な見方や相対的な見方から数を多面的に捉えたり，大きな数の数系列を理解したりすることができるようにする。

●評価
■大きな数を，構成的な見方や相対的な見方から捉えることができる。
■大きな数の数系列を理解している。

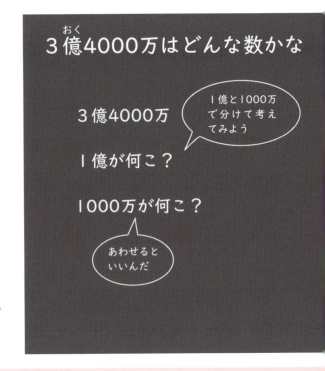

❶問題場面を捉える

「2万5000はどんな数かな？」
「簡単！　2万が2つと1000が5つだよ。」
「3億4000万はどんな数かな？」

　授業の最初に，3年の学習を振り返りながら，「2万5000はどんな数かな？」と問い，大きな数の構成的な見方の確認をします。
　その後，「3億4000万はどんな数かな？」と本時のめあてを提示します。

❷どんな数か各自で考える

「どんなふうに考えますか？」

「数字で表しても，0の数が多くて読みにくい…」

340000000

　2万5000の場合から類推して，1億がいくつと1000万がいくつと考える子どもが多くなりますが，数の見方を拡げて，1000万（だけ）のいくつ分で説明しようという子どもも出てくることが予想されます。

準備物

対話的な学び グループ学習 ペア学習

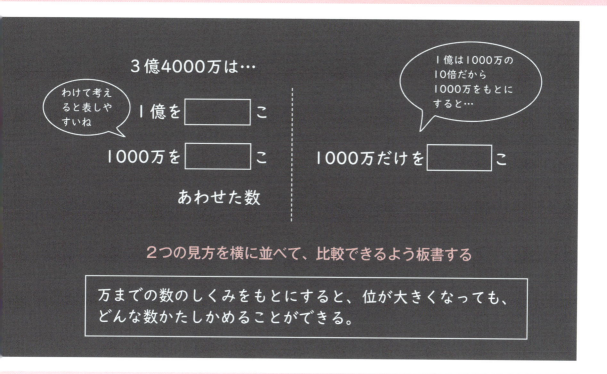

❸自分の考えを説明する

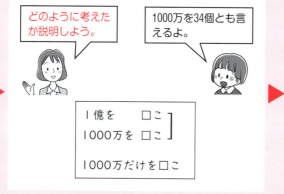

自分の考えを黒板やホワイトボードに書いて説明します。
もとにする数を変えることで，いくつ分も変わるということを全体で押さえます。

❹学習のまとめをする

万までの数のしくみをもとにすると，位が大きくなっても，どんな数かたしかめることができる。

いつでも確かめられるから便利だね。

大きな数を相対的に捉えさせる際には，「１億は1000万の10倍である」といった数の仕組みを基に考えさせるのがポイントです。また，苦手意識がある子どもには，関係図にかいて考えさせるようにするとわかりやすいでしょう。

第4時 整数のしくみを調べよう
一億をこえる数とそのしくみ
整数の仕組み

●授業の概要
1～3時では，一億以上，一兆以上の数の読み方，書き方や数の構成的な見方，相対的な見方について指導しました。本時では，整数を10倍した数や$\frac{1}{10}$にした数を調べることで，十進位取り記数法の仕組みから，10倍，$\frac{1}{10}$の数ともとの数との関係を考えさせます。

●ねらい
整数を10倍した数や$\frac{1}{10}$にした数の表し方を理解することができるようにする。

●評価
■ 整数を10倍した数や$\frac{1}{10}$にした数を表すことができる。
■ 整数の仕組みを理解している。

❶問題場面を捉える

授業の最初に，前時の学習を振り返りながら，「市全体の1か月の水道料金は1200000000円です」と板書し，一億をこえる大きな数の読み方を確認します。
その後，「10か月分の水道料金はいくらになりますか」と本時の問題を提示します。

❷だいたい何円ぐらいかを考える

見通しをもてない子どもが多い場合には，「12億」と板書し，さらに12の10倍で考えられないかを尋ねます。
十進位取り表を基に，同じように考えればよいことを押さえます。

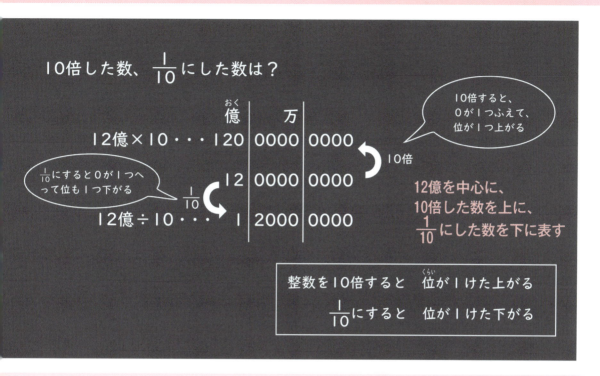

❸ 自分の考えを説明する

黒板やホワイトボードに自分の考えを書いて説明させます。

十進位取り表をうまく使ったり，10倍するとどうなるかがわかるように矢印を書き込んだりするなどの工夫をしている子どもを紹介します。

また，12億を $\frac{1}{10}$ にした数の表し方についても同様に考えます。

❹ 学習のまとめをする

最後に，子どもたちには本時の学習についての振り返りを書かせ，整数の仕組みについて，本時に調べてわかったことをまとめます。

第5時 工夫して計算しよう
一億をこえる数とそのしくみ
数の相対的な見方を活用した計算

●授業の概要
　前時では，整数を10倍した数や$\frac{1}{10}$にした数を調べることで，十進位取り記数法の仕組みから，10倍，$\frac{1}{10}$の数ともとの数との関係を考えました。本時では，末尾に0や万がつく大きな数の乗法や，末尾に億や兆がつく大きな数の加減を，既習の計算から相対的な見方を活用して考えていきます。

●ねらい
　大きな数の乗法や加減の答えを，既習の計算から相対的な見方を活用して求めることができるようにする。

●評価
■大きな数の乗法や加減の答えを，既習の計算から相対的な見方を活用して求めることができる。

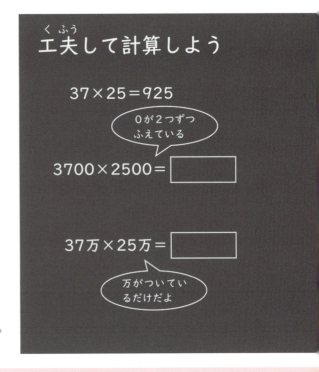

❶問題場面を捉える

3700×2500，37億×25億を計算しよう。どんな工夫ができるでしょうか？

37×25を基に考えると，簡単に計算できるはずだよ！

　授業の最初に，「3700×2500」と「37億×25億」の2問を板書して，大きな数の計算の仕方を考えていくことを確かめます。そして「どんな工夫ができるかな？」と投げかけ，「37×25」を基に考えれば簡単に計算できるのではないかという見通しをもたせます。

❷計算の工夫を考える

どんな工夫ができるかな？

100×100＝？
1万×1万＝？

100×100＝1万だから…

　手が止まっている子どもには，「100×100」がいくつになるかを確認し，さらに，37×25の100×100と捉えて考えることができないかを尋ねます。

130　一億をこえる数とそのしくみ

準備物 | 対話的な学び グループ学習 ペア学習

比較ができるように板書する

```
3700 × 2500              37万 × 25万
 37    ×  25    =925      37   ×  25    =925
 ↓×100                    ↓×1万
3700   ×  25    =92500    37万  ×  25    =925万
 ↓       ↓×100                   ↓×1万
3700   × 2500   =9250000  37万  × 25万   =925億
```

（吹き出し）100×100=10000だから…

（吹き出し）1万×1万＝1億だから…

かけられる数やかける数の最後に0や万がついても、37×25の式をもとにして計算できる。

練習問題
　43＋29＝72、82－47＝35を使って、次の計算をしましょう。
（1）　43億＋29億　　　（2）　82兆－47兆

---

❸自分の考えを説明する

（どのように考えたか説明しよう。）
（大きな数のかけ算は筆算で計算したら大変だなぁ…）

100×100＝1万
1万×1万＝1億
これがわかると便利！

　黒板やホワイトボードに自分の考えを書いて、計算の工夫を説明させます。矢印や吹き出しを使って計算の手順をわかりやすく説明している子どもを紹介します。また，大きな数の計算は，単純に筆算で計算しようとすると大変であることも確認したいところです。

❹本時のまとめをし，練習問題に取り組む

練習問題
　43＋29＝72，82－47＝35を使って，次の計算をしましょう。
（1）　43億＋29億　　　（2）　82兆－47兆

（数が大きくなっても，たし算やひき算でも同じようにできるよ！）

　末尾に0や万がつく大きな数の乗法のまとめをしたうえで，末尾に億や兆がつく大きな数の加減の練習問題に取り組ませ，数が大きくなっても，たし算やひき算でも，同じように数の相対的な見方を活用して工夫して計算できることを確かめます。

第6時 筆算のしかたを考えよう
一億をこえる数とそのしくみ
3位数×3位数の筆算の仕方

●授業の概要
前時では，末尾に0や万のつく大きな数の乗法や，末尾に億や兆のつく大きな数の加減の仕方を，既習の計算から相対的な見方を活用して計算しました。本時では，3位数×3位数の筆算の仕方を，既習の「×2位数」の筆算の仕方を基に考えていきます。

●ねらい
3位数×3位数の筆算の仕方を，既習の「×2位数」の筆算の仕方を基に考え，計算することができるようにする。

●評価
■3位数×3位数の筆算の仕方を理解している。
■3位数×3位数の筆算ができる。

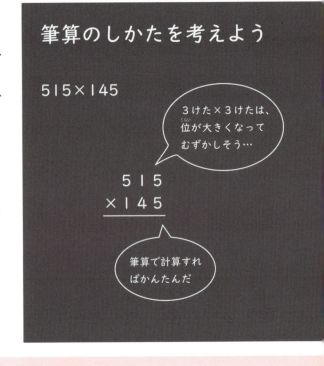

❶問題場面を捉える

515×145

桁の大きい数どうしをかけるから，大変そうだな…

授業の最初に，515×145という3桁×3桁の計算問題を提示し，この問題の筆算の仕方を考えるというめあてを与えます。

❷各自で筆算の仕方を考える

どんなふうに考えればいいかな？

```
    5 1 5
  ×  1 4 5
  2 5 7 5  …515×5
          …515×40
          …515×?
```

既習の「×2位数」の筆算の仕方を基に各自で考えさせます。見通しがもてない子どもには，2桁×2桁，3桁×1桁，3桁×2桁の筆算の仕方を示したヒントカードなどを用いて，個別に支援し，3桁×3桁の筆算の場合も同じように考えていけばよいことを押さえます。

準備物　　　　　　　　　　　　　　　対話的な学び

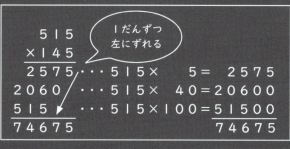

❸自分の考えを説明する

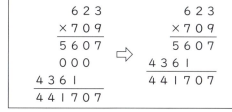

　黒板やホワイトボードに自分の考えを書き，説明させます。
　また，かける数に空位がある計算も取り上げ，手順通りに計算すれば，0の計算は省略しても答えは変わらないことを押さえます。

❹本時のまとめをし，練習問題に取り組む

　けた数が大きくなっても，一の位から順に1だんずつ計算していけば答えを出すことができる。

　本時のまとめを行い，練習問題に取り組ませます。練習問題では，学級の実態に応じて，3位数×3位数の計算だけでなく，2位数×3位数，十の位や一の位に0を含む4位数×3位数の計算なども取り上げるとよいでしょう。

第6時　133

第2時のワークシート

年　　　組　　　名前

一兆をこえる数を調べましょう。

```
一億………………………… 1 0000 0000
十億………………………… 10 0000 0000       10倍
百億………………………… 100 0000 0000
千億………………………… 1000 0000 0000
一兆………………………… 1 0000 0000 0000
```

一兆は，一億の（　　　　　）倍

1　熊本県と日本の予算をくらべてみましょう。

熊本県と日本の予算（2018年度）

熊本県の予算額	8338 0000 0000円
日本の予算額	97 7128 0000 0000円

（1）下の表に，熊本県と日本の予算を書きましょう。

	千兆の位	百兆の位	十兆の位	一兆の位	千億の位	百億の位	十億の位	一億の位	千万の位	百万の位	十万の位	一万の位	千の位	百の位	十の位	一の位
熊本県																
日本																

（2）熊本県と日本の予算を読んでみましょう。

2　次にしめす数を読んでみましょう。

（1）101 4564 0000 0000円　（2019年度の日本の予算）

（2）1103 3543 0000 0000円　（2019年の日本の借金）

134　一億をこえる数とそのしくみ

第4時のワークシート

年　　　組　　　名前

1　市全体の1か月の水道料金は，1200000000円です。

（1）　水道料金の読み方をたしかめましょう。

（2）　10か月分の水道料金はいくらになりますか。

2　12億を10倍すると，いくつになるでしょう。

3　12億を$\frac{1}{10}$にすると，いくつになるでしょう。

4　（　　　　　）にあてはまる数を答えましょう。

整数を10倍すると　位が（　　　　　）けた上がる。

整数を$\frac{1}{10}$にすると　位が（　　　　　）けた下がる。

一億をこえる数のしくみを学習して気づいたことを書きましょう。

ワークシート　135

わり算の筆算(2

全12時間

1 単元の目標と評価規準

　整数の除法についての数学的活動を通して，除数が２位数で被除数が２位数や３位数の場合の計算が，基本的な計算を基にしてできることやその筆算の仕方を理解できるようにする。

知識・技能	除数が１位数や２位数で被除数が２位数や３位数の場合の計算が，基本的な計算を基にしてできることや，その筆算の仕方について理解している。 除法の計算が確実にでき，それを適切に用いることができるとともに，「被除数＝除数×商＋あまり」の関係を用いて商の確かめができる。 除法に関して成り立つ性質について理解している。
思考・判断・表現	数量の関係に着目し，計算の仕方を考えたり計算に関して成り立つ性質を見いだしたりするとともに，その性質を活用して，計算を工夫したり計算の確かめをしたりしている。
主体的に学習に取り組む態度	除数が２位数で被除数が２位数や３位数の場合の計算が，学習したことを基にできることに気づき，生活や学習に生かそうとしている。

2 単元の概要

(1教材観・指導観

　本単元は，除数が２位数で被除数が２位数や３位数の場合の計算を，これまで学習したことを基に考え，筆算ができるようにすることと，商の確かめや除法に関して成り立つ性質について理解できるようにすることを主なねらいとしています。２位数でわるわり算は，１位数でわるわり算の考え方を基に考えていきます。そこで，まず除数や被除数の一の位が０のわり算から考え，徐々に数のパターンを変えながら，どんな数でも筆算が使えることを指導していきます。また，除数の性質については，性質を理解させるだけでなく，性質を利用した計算の工夫も指導します。

　指導にあたっては，手続きとして筆算の仕方を身につけさせるだけではなく，具体的な場面との結びつきに気づかせながら指導することで，身につけた技能を生活や学習に役立てていく

136　わり算の筆算(2)

ことができるような態度をはぐくみます。

(2)数学的活動について

本単元では，筆算の仕組みを理解していく過程で，お金や折り紙を使って，10のまとまり，100のまとまりがいくつ分なのかなど，具体物を用いた操作活動を多く設定します。

また，商の見積もり方や除数に関して成り立つ性質を用いた工夫など，考えをグループや全体で共有する活動を意図的に設定することで，除法についての理解を深めさせていきます。

3 単元の指導計画（全12時間

節	時	学習活動
わり算の筆算の復習	1	・1位数でわるわり算の筆算の仕方を復習する。
何十でわるわり算	2	・2位数でわるわり算の筆算の学習課題を確認する。 ・何十÷何十で商が1桁になる計算（あまりなしの仕方を，10円玉を用いて考える。
	3	・何十÷何十で商が1桁になる計算（あまりありの仕方を10円玉や100円玉を用いて考える。 ・答えの確かめ（除数×商＋あまり＝被除数の仕方を確認する。
商が1けたになる筆算	4	・2位数÷2位数の商の見当づけによる筆算の仕方を理解する。
	5	・3位数÷2位数で，商が1桁になる筆算の仕方を考え，その筆算をする。
	6	・仮商の修正のある筆算の仕方を理解する。
商が2けた，3けたになる筆算	7	・3位数÷2位数で商が2桁になる筆算の仕方を理解する。
	8	・4位数÷2位数（商が3桁），4位数÷3位数（商が2桁）の筆算の仕方を理解する。
	9	・25でわるわり算の秘密を探りながら，3位数÷2位数のわり算の筆算の習熟をする。
わり算のせいしつ	10	・わり算に関して成り立つ性質を理解する。
	11	・わり算の性質を活用して，工夫して計算をする。
たしかめ	12	・単元の学習内容を確認する。

第1時 わり算の筆算のしかたを復習しよう
わり算の筆算(2)
1桁でわるわり算の復習

●授業の概要
　本時は，1桁でわるわり算の筆算の仕方を復習します。わり算の筆算は，その他の筆算に比べ，定着するまでに個人差が出やすい計算です。ここでは，商の立て方や位のそろえ方などの理解をそろえておくことで，2桁でわるわり算の筆算も，1桁でわるわり算の筆算と同じ手順でできることに気づけるようにしておきます。

●ねらい
　1桁でわるわり算の筆算の仕方を復習することで，2桁でわるわり算が，学習したことを使って解決できるという見通しをもつことができるようにする。

●評価
■1桁でわるわり算の筆算ができる。

わり算の筆算のしかたを復習しよう

正しい順にならべよう　正しい筆算はどれ？

かける／ひく／おろす／たてる

3÷7はできないので、10の位から商をたてる

子どものつぶやきを拾い上げながら吹き出しで表し、間違いの理由を言語化する

❶わり算の手順を復習する

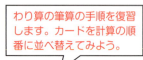

わり算の筆算の手順を復習します。カードを計算の順番に並べ替えてみよう。

かける／ひく／おろす／たてる

　授業の最初に，「たてる」→「かける」→「ひく」→「おろす」の筆算の手順をカードで示し，並べ替えをさせます。その際，「かける」はわる数と立てた商をかけるなど，具体的に言葉を引き出しながら手順を確認していきます。

❷正しい筆算を探す

正しい筆算はどれかな？

　正しい筆算がどれかを選択肢にして，どの位から商が立つのか，位をそろえて計算するとはどういうことなのかを子どもたちの言葉で振り返ることができるようにします。

準備物 ・「たてる」「かける」「ひく」「おろす」の短冊（提示用）

対話的な学び　グループ学習　ペア学習

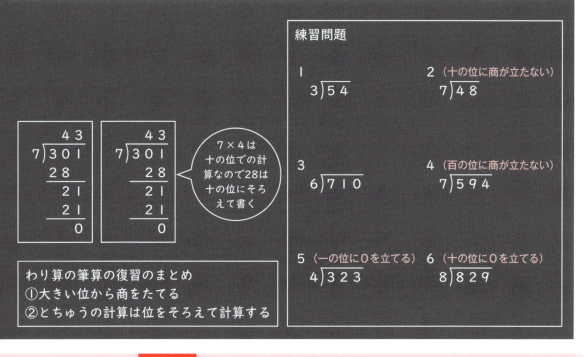

ペア

❸ 間違いの理由を考える

間違っている筆算について，その理由をペアで説明し合わせます。2桁でわるわり算の筆算も商を立てる場所や，大きい位から計算していくことは同じなので，子どもたちのつぶやきの中から必要な考えを整理していくようにします。

❹ 練習問題に取り組む

練習問題は，問題のパターンを数種類用意しておきます。2は十の位に商が立たない，4は百の位に商が立たない，のように問題によって判断できるようにします。
　また，5や6のように，一の位や十の位の商に0が立ったときのパターンも復習させておきます。

第1時　139

第2時 わり算の筆算(2) 何十÷何十の計算のしかたを考えよう(1)
何十÷何十の計算の仕方

●授業の概要
2時間目は，80÷20や140÷20を，10を基にして考えます。80÷20について，10を基にして考えると8÷2＝4になります。具体的な場面で考えることで，わり算についての理解を深めるとともに，筆算も10のまとまりで考えられることの理解につなげていきます。

●ねらい
10のまとまりを使って80円で20円のあめが何個買えるかを考える活動などを通して，あまりのない何十÷何十の計算を10を基にして求めることができるようにする。

●評価
■80÷20の計算を，10を基にして考えている。

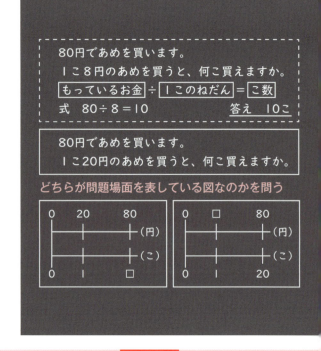

ペア

❶問題を捉える

80円であめを買うことを確認し，まずはわる数が1桁のときで立式します。立式につまずく子どもへの手がかりとして言葉の式を示しておきます。
そして，わる数が2桁になる問題を提示し，これまでのわり算との違いに気づかせたうえで，めあてを提示します。

❷数直線図で表す

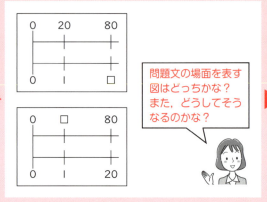

数直線図を選択肢にして見比べさせることで，図の見方を深められるようにします。この問題の場合，1個の値段ではなく，何個買えるかを考えるので，上段の数直線図になります。ペアで根拠を話し合わせ，子どもたちどうしの対話で気づかせていくようにしていきます。

準備物　・10円玉と100円玉の模型（提示用）

対話的な学び グループ学習　 ペア学習

何十÷何十の計算のしかたを考えよう

これまでのわり算との違いに目を向けさせ、めあてを提示する

140円もっています。
1こ20円のあめを買うと、何こ買えますか。

式　80÷20＝4　　　答え　4こ

式　140÷20＝7　　　答え　7こ

0をかくして計算できる？

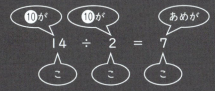

何十÷何十の計算は、0をかくして（10のまとまりで考えて）わり算をして、答えが出せます。

子どもの考えやつぶやきからまとめる

答えのたしかめ　20×7＝140

❸図を用いて考える

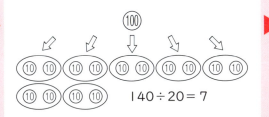

80÷20と140÷20を，10を基にして図や式を使って求めます。20円で1まとまりになることを視覚的に捉えさせておくと，筆算を考える手がかりになります。8÷2＝4や14÷2＝7と考える子どもの考えも，理由とともに丁寧に拾い上げていきます。

❹本時のまとめをする

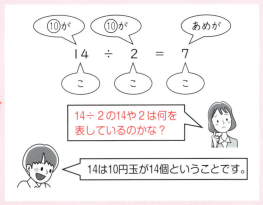

140÷20が14÷2で計算できることを図とともに考えていきます。14や2は何を表しているのかを子どもたちどうしの対話で気づかせ，深めていきます。この考えは筆算で商を立てるときに大切な考えになるので，丁寧に考えていきたいところです。

第2時　141

第3時 何十÷何十の計算のしかたを考えよう(2)

わり算の筆算(2)

あまりのある何十÷何十の計算の仕方

●授業の概要

本時は，80÷30や170÷30を，10を基にして考えます。80÷30について，10を基にして考えると8÷3＝2あまり2なのに商は2であまりは20になります。このことについて，対話を通して気づかせていき，筆算の考え方につないでいきます。

●ねらい

10のまとまりを使って80円で30円のあめが何個買えて，あまりがいくらになるかを考える活動を通して，あまりのある何十÷何十の計算を10を基にして求めることができるようにする。

●評価

■80÷30の計算を，10を基にして考えている。
■あまりを10倍することの意味を理解している。

何十÷何十の計算のしかたを考えよう

80円もっています。
1こ30円のあめを買うと，何こ買えて，何円あまりますか。

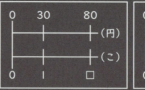 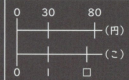

×あまりが出ていない　〇あまりが出る

2つの数直線を見た気づきを板書する

式　80÷30

ペア

❶問題場面を数直線図で表す

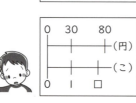

授業の最初に，問題場面を数直線図で表します。選択肢にして，どうしてそうなるのかを話し合わせることで，数直線図の見方を全体で共有し，解決の見通しを立てます。

❷図を用いて考える

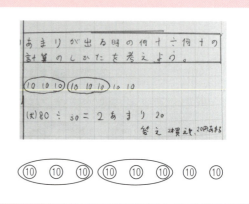

各自でノートに図をかかせて，あまりが20円になることの見通しをもたせます。

準備物	・10円玉と100円玉の模型（提示用）	対話的な学び	

あまりが出るときの何十÷何十の計算のしかたを考えよう。

⑩ ⑩ ⑩　⑩ ⑩ ⑩　⑩ ⑩

式　80÷30＝2あまり20

答え　2こ買えて、20円あまる

答えのたしかめ
80÷30＝2あまり20→30×2＋20＝80

あまりが出るときの何十÷何十の計算は、0をかくして（10のまとまりで考えて）わり算をして、あまりには0をつける。
80÷30＝2あまり20
8÷3＝2あまり2

170円もっています。
1こ30円のあめを買うと、何こ買えて、何円あまりますか。

式　170÷30

式　170÷30＝5あまり20
　　17÷3＝5あまり2
あまりが2じゃないのはどうして？
→あまりの2は⑩が2こだから、20円あまる。
答え　5こ買えて、20円あまる

ペア

❸あまりについて考える

 あまりが2じゃないのはどうしてかな？

17÷3の17は、10円玉が17ということだから…

　今度は、170÷30について、図や式を使って商とあまりを求めていきます。ここで、17÷3＝2あまり2のあまりの2は何を表しているのかを問いかけ、ペアで説明をさせます。

❹本時のまとめをする

　子どもたちのつぶやきを拾いながら、10を基にして計算していることを振り返り、本時のまとめを行います。また、上の写真のように、数問練習問題に取り組ませ、技能の定着を図ります。

第4時 わり算の筆算(2) 96÷32の計算のしかたを考えよう
２位数÷２位数の筆算の仕方

●授業の概要
本時は，96÷32の筆算の仕方を，色紙を分ける操作とともに考えます。96枚の色紙を，10の束を用いて32枚ずつ分ける活動と，筆算の手順とのつながりについて，対話を通して気づかせていきます。96を90，32を30として見積もることも押さえ，以後の筆算指導につないでいきます。

●ねらい
10のまとまりを使った操作活動を通して，96÷32を考え，２位数÷２位数の筆算の仕方を身につけさせるとともに，商の見積もりができるようにする。

●評価
■96÷32の商を，操作活動を通して考えている。

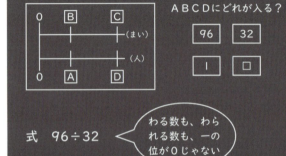

❶問題場面を数直線図で表す

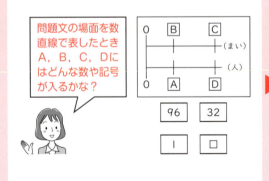

授業の最初に，問題文の場面を数直線で表します。今回はＡ，Ｂ，Ｃ，Ｄに入る数や記号を選択肢にして考えます。どうしてそうなるのかを話し合うことで，数直線図の見方を深めながら理解させていきます。

数直線図を基に，「いくつ分」を求める問題であることを確認し，わり算の式を導いていきます。

❷図を用いて考える

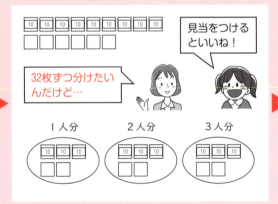

96枚の色紙を32枚ずつ分けていきます。わり算の筆算は，商を見積もるときにつまずく子どもがいます。96の中に32のまとまりがいくつできるかを，このような操作活動を通してイメージできるように丁寧に指導します。

準備物
・色紙10枚の束を9組（提示用）
・色紙6枚（提示用）

対話的な学び｜グループ学習｜ペア学習

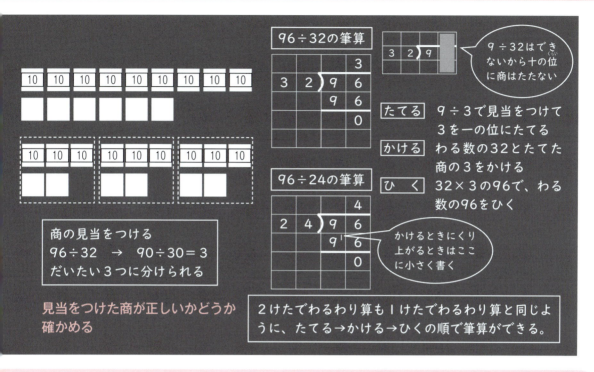

❸ 筆算の仕方を考える

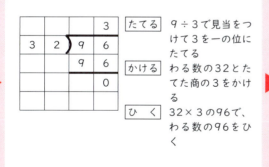

はじめに被除数である96の6を隠して、9÷32と考えます。この9は10の束が9個あることを意味していて、9個を32でわれないので、十の位である9の上には商が立たないことを押さえておきます。そうすることで、3桁÷2桁のときの商の立て方の指導につながるようにします。

❹ 96÷24の筆算の仕方を考える

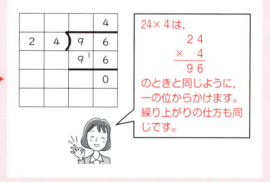

筆算の手順がわかっていても、かけた数をどこに書けばよいのかわからなくなってしまう子どもがいます。そこで、かけ算の筆算の仕方を振り返りながら、一の位からかけていくことや、繰り上がった数をどこに書けばよいのかなどを丁寧に押さえていきます。

第4時　145

わり算の筆算(2)

第5時 225÷45の計算のしかたを考えよう
3位数÷2位数（商が1桁）の筆算の仕方

●授業の概要

5時間目は，225÷45の筆算の仕方を，色紙を分ける操作とともに考えます。225枚の色紙を，100の束と10の束を用いて45枚ずつ分ける活動と，筆算の手順とのつながりについて，対話を通して気づかせていきます。また，225を220，45を40として見積もることも押さえ，以後の筆算指導につないでいきます。

●ねらい

100と10のまとまりを使った操作活動を通して225÷45を考え，3位数÷2位数の筆算の仕方を身につけさせるとともに，商の見積もりができるようにする。

●評価

■3位数÷2位数の筆算ができる。

225÷45の計算のしかたを考えよう

色紙が225まいあります。45人に同じ数ずつ配ると，1人何まいになりますか。

（図：0 B C （まい）／0 A D （人））

前回の数直線図
（0 32 96 （まい）／0 1 □ （人））

ABCDには何が入る？

式　225÷45

（吹き出し）わられる数が3けた

これまでのわり算との違いに気づかせ，めあてにつなぐ

---

❶問題場面を数直線図で表す

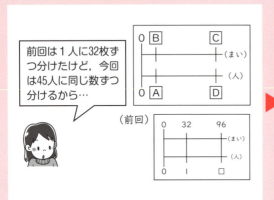

前回は授業の最初に，問題文の場面を数直線図で表しました。今回はA，B，C，Dに入る数や記号を前回の数直線と比較しながら考えます。どうしてそうなるのかを話し合うことで，数直線図の見方を深めながら理解させていきます。

数直線図を基に，「1つ分」を求める問題であることを確認し，わり算の式を導いていきます。

❷図を用いて商を検討する

今回は「1つ分」を求めていきます。225枚の色紙を45人に分けることは，図にかいて考えると難しくなります。そこで，あえて図を見せることで，「筆算で計算したい」という意欲をもたせます。ここで商の見当をつけておき，筆算の商の見積もりを図を基に考えるようにします。

準備物	・色紙100枚の束を2組（提示用） ・色紙10枚の束を2組（提示用） ・色紙5枚（提示用）

対話的な学び　グループ学習　ペア学習

商の見当をつける
225÷45 → 220÷40＝5あまり20
220まいを40人で分けると、1人5まい
ずつ分けられる。

商を見積もる方法を図とともに確かめる

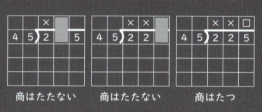

225÷45の筆算

	たてる	22÷4で見当をつけ、5をたてる
	かける	わる数の45とたてた商の5をかけて225
	ひく	45×5の225で、わる数の225をひく

225÷42の筆算

（3けた）÷（2けた）の筆算は百の位から順に商をたてる場所を考える。

ペア

❸筆算の仕方を考える

2や22は45でわれないから、百の位と十の位には商は立たないね。

　96÷32の筆算の仕方を基に，商がどこに立つのかをペアで話し合いながら理解を深めていけるようにします。ここでも，かけた数の225を，位をそろえて書くことにつまずく子どもがいるので，対話を通して筆算の仕方の理解を深めていけるようにします。

❹225÷42の筆算の仕方を考える

あまりが出ましたね。あまりがでたときに気をつけることがあったね。

あまりがわる数より小さくなっているから大丈夫！

　あまりのある場合の筆算のときは，あまりの大きさと除数の大きさに気をつけて，いつも求めた答えを確かめようとする態度を育てます。

第5時　147

わり算の筆算(2)

第6時 商が大きすぎるときの筆算のしかたを考えよう
仮商の修正のある筆算の仕方

● 授業の概要

　本時は，見当をつけて立てた商が大きすぎたときの商の修正の仕方を指導します。ここでは，商を1回修正することだけでなく，2回修正が必要な場合も扱います。さらに，324÷36のように，除数と被除数の，それぞれの一の位を隠して見当をつけるとき，10ではなく9と見当をつけて計算する場合も指導します。

● ねらい

　仮商の修正のある筆算の仕方を理解することができるようにする。

● 評価

■ 仮商の修正の仕方を理解し，自分の言葉で説明している。

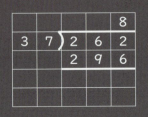

❶ ひけない場面を考える

26÷3＝8あまり2で，商に8を立ててみたけどひけないな…

　修正が必要なわり算の場面ですが，実際に子どもたちに解かせてみて，ひけない場面に気づかせるようにします。ここでは，どうしてひけないのかについて考えさせることで，「商が大きすぎる」という子どものつぶやきを拾い，本時のめあてにつないでいきます。

❷ 商の立て方を考える

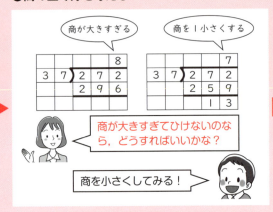

　「商が大きすぎる」というはじめの子どものつぶやきから，商を1つ小さくすればよいことに子どもたち自身で気づかせるようにします。これに気づくことで，2回修正が必要な場面でも同じように考えることができるようにしておきます。

準備物

対話的な学び

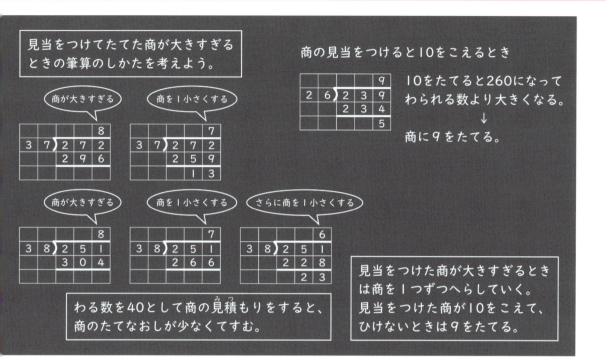

❸商の修正の仕方を考える

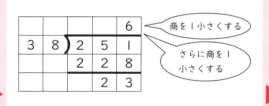

除数である38の8を隠して商の見積もりをするよりも，38を40として見積もった方が修正する回数が少なくて済むという子どものつぶやきを大切に拾い，効率よく商を立てることを気づかせていきます。

❹商の見当をつけると10をこえるときを考える

商の見当をつけると10をこえるときは9を立ててみればよいことに，子どもたち自身で気づいていけるようにします。このとき，あまりが商より小さくなっているかを確認させるようにします。

1回修正，2回修正が必要なパターンがあることをもう一度振り返り，本時をまとめます。

第6時 149

第7時 わり算の筆算(2) 782÷34の筆算のしかたを考えよう
3位数÷2位数（商が2桁）の筆算の仕方

●授業の概要

本時は，782÷34の筆算の仕方を，色紙を分ける場面で考えます。ここでは，これまで行ってきた操作活動を振り返り，「たくさんの色紙を分ける作業はとても大変だから計算で求めたい」という子どもの意欲に働きかけます。学習を通して大きい数でも筆算で求められることを試行錯誤しながら見いだしていけるようにします。

●ねらい

3位数÷2位数で，商が2桁になる筆算の仕方を考え，計算することができるようにする。

●評価

■3位数÷2位数で，商が2桁になる筆算の仕方を理解し，計算ができる。

782÷34の筆算のしかたを考えよう

色紙が782まいあります。1人に34まいずつ配ると何人に分けられますか。

式 782÷34

（わられる数が大きい）
（商も大きい？）

これまでのわり算との違いに気づかせ，めあてにつなぐ

グループ

❶問題場面を数直線図で表す

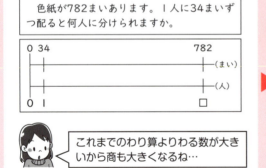

色紙が782まいあります。1人に34まいずつ配ると何人に分けられますか。

（これまでのわり算よりわる数が大きいから商も大きくなるね…）

授業の最初に，問題場面を数直線図で表します。これまでに表してきた数直線図と比べることで，商がこれまでより大きいという見通しが立てられるようにします。

❷筆算の仕方を考える

（商が10より大きくなるね。）
（筆算の仕方をグループで考えてみよう。）
（わる数が1桁のときのように商を十の位に立ててみたら？）

商が大きくなることを見通して，782÷34を筆算で計算するとどうなるかをグループで考えさせます。1桁でわる計算の仕方を振り返りながら，考えを共有していきます。

グループで解決していくことで，見方・考え方を働かせた数学的活動になるようにします。

準備物	対話的な学び	
	グループ学習	ペア学習

百の位には
商がたたない

十の位に2の
商をたてる

わられる数の
2をおろす
一の位の商に
3をたてる

たてる	78÷34で2をたてる
かける	34に2をかけて68
ひく	78から68をひいて10
おろす	2をおろして102

たてる	102÷34で3をたてる
かける	34に3をかけて102
ひく	102から102をひいてあまり0

730÷24の筆算のしかた

商の1の位に
0がたったら
計算終わり

（3けた）÷（2けた）の筆算は百の位から順に商をたてる。わる数が1けたのときと同じように、「たてる」→「かける」→「ひく」→「おろす」をくりかえす。

❸筆算の仕方を確認する

 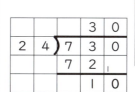
わる数が1桁のときと同じように，たてる→かける→ひく→おろすを繰り返すといいね。

　グループで解決ができたら，全体で考えを共有していきます。ここでは，大きい位から1つずつ商を立てていくことなど，以前に学習したことが使えることを子どもたちが気づいていけるようにします。

❹筆算の仕方を押さえ，まとめをする

一の位に0が立ったら，計算が終わりでしたね。学習の振り返りをしましょう。

商が1桁なのか2桁なのかをきちんと判断することが大切だね。

　本時を振り返る際は，除数と被除数がどんな関係のときに商が1桁か2桁になるかを振り返ります。これまでに学習したことが役に立つこともきちんと押さえて学習をまとめるようにします。また，「もっと大きな数のわり算の筆算をしてみたい」という振り返りを取り上げ，次時につなげていきます。

第7時　151

第8時 わり算の筆算(2)
大きな数のわり算の筆算のしかたを考えよう
4位数÷2位数（商が3桁）と4位数÷3位数（商が2桁）の筆算の仕方

● 授業の概要

本時は，9312÷25と，1712÷25を用いて，被除数が4桁のときのわり算の筆算の仕方を指導します。さらに，7850÷314の式で，わる数が3桁のときの筆算の仕方も指導します。数が大きくなっても筆算ができることだけでなく，これまでと同じ手順で解決できることを理解できるようにします。

● ねらい

4位数÷2，3位数で，商が2桁や3桁になる筆算の仕方を考え，その筆算をできるようにする。

● 評価

■4位数÷2，3位数の筆算の仕方を理解し，計算ができる。

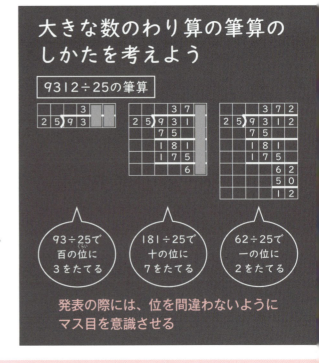

グループ

❶ 9312÷25を考える

商を立てる場所につまずきやすい子どもも少なくありません。そこで，グループで友だちのやり方を聞きながら，商を立てる場所を確認させるようにします。また，グループで協働解決することで，説明する側の子どもも相手にわかるように説明しようと努め，より理解が深まります。

❷ 筆算の仕方を確認する

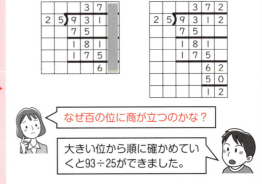

全体で共有するときは，商を立てた位置について，その根拠を問うようにします。手隠しで大きい位から順に見つけていく方法を子どもたちの言葉やつぶやきを拾いながらまとめていくようにします。

152　わり算の筆算(2)

| 準備物 | ・グループ発表用ホワイトボード | 対話的な学び グループ学習 ペア学習 |

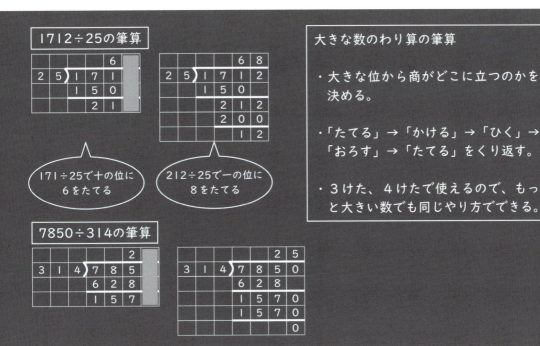

❸ 1712÷25と7850÷314を考える

商を立てる場所に気をつければ、あとは今までと同じ手順で答えが出せるね。

数が大きくなると、それだけで商を立てる場所の判断につまずく子どもたちは少なくありません。商が2桁になる場合や、わる数が3桁になる場合の筆算についてはペアで手順を確認させながら全体の理解を促すようにします。

❹ 本時のまとめをする

今日の学習を振り返ろう。

・大きな位から商がどこに立つのかを決める。
・「たてる」→「かける」→「ひく」→「おろす」→「たてる」をくり返す。
・3けた、4けたで使えるので、もっと大きい数でも同じやり方でできる。

どんな数でも、このやり方で計算ができます！

本時を振り返る際は、今回の学習を通して気をつけるべきことを、子どもたちの言葉で整理していくようにします。どんな数でも筆算が役に立つという子どもたちの意見をしっかり拾い上げて、そのよさを実感できるようにしていきましょう。

第8時 153

第9時 わり算の筆算(2) 25でわるわり算のひみつをさぐろう
2桁でわるわり算の筆算の習熟

●授業の概要
本時は，3位数÷2位数の筆算の習熟の時間です。これまでの学習を生かし，被除数の数値を変えながら楽しく計算できるようにします。また，いくつかの事例の中からきまりを見つけて問題解決に生かしたり，なぜそのきまりが成り立つのかを説明させたりします。第11時のわり算の性質の学習で，25を100＝25×4という見方で考える問題があります。ここで25を扱うことで，その学習に生かせるようにしておきます。

●ねらい
3位数÷2位数の筆算の習熟を図る。

●評価
■3位数÷2位数の筆算ができる。
■計算しながらきまりに気づき理由を考えている。

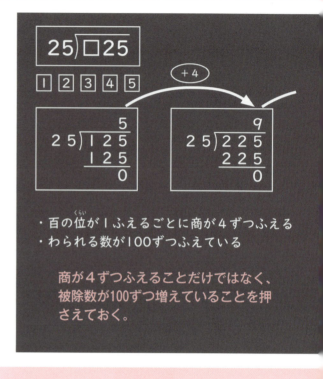

・百の位が1ふえるごとに商が4ずつふえる
・わられる数が100ずつふえている

商が4ずつふえることだけではなく、被除数が100ずつ増えていることを押さえておく。

❶□に数字をあてはめて計算する

どんな問題だと思いますか？

□に数をあてはめて，筆算をする問題だと思います。なんだか楽しそう！

導入では百の位を隠しておき，どんな問題かを考えさせることから始めます。数字をあてはめて筆算するという子どもたちの考えから課題を設定することで，主体的な学びへと導いていけるようにします。ここでは，1から5まで数字に限定しておき，あとできまりを使ってその他の数字を予想できるようにします。

❷解いた問題からきまりを見つける

わられる数の百の位の数が1増えるごとに，商が4ずつ増えています。

どうしてわられる数が100大きくなると，必ず商は4ずつ増えるのかな？

計算した式は横並びに提示し，商が4ずつ増えていることに子どもが気づくことができるようにします。それでも気づきにくいときは，商を〇で囲んでいって，注目すべき値が何なのか手がかりを与えます。

あとできまりが成り立つ理由を説明させるために，被除数の百の位が1増えることは被除数が100増えることだときちんと押さえておきます。

準備物
・テープ図（提示用）

対話的な学び

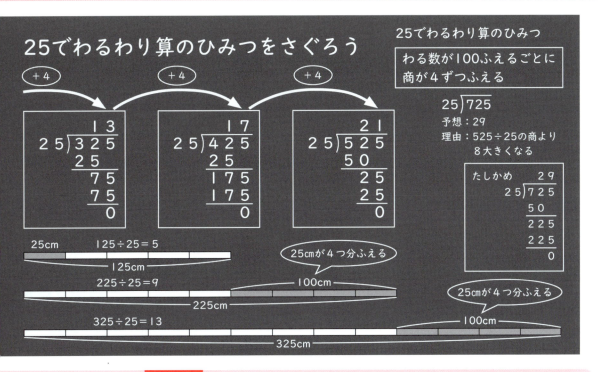

ペア

❸ きまりが成り立つ理由を考える

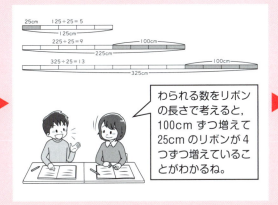

わられる数をリボンの長さで考えると，100cmずつ増えて25cmのリボンが4つずつ増えていることがわかるね。

きまりが成り立つ理由を考える際は，テープ図を手がかりにして，子どもどうしのペア対話で気づいていけるようにします。

被除数が100増えるごとに25が4つずつ増えていることを，図と筆算の式とを対応させながら示し，きまりが成り立つ理由を視覚的に捉えられるようにします。

❹ きまりを使って，□が7のときを予想する

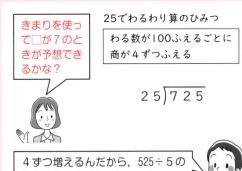

きまりを使って□が7のときが予想できるかな？

4ずつ増えるんだから，525÷5の商より8大きくなると思います。

きまりが成り立つ理由がわかったら，きまりを使うことで，別の問題の答えを予想します。予想した商を実際に計算して確かめ，きまりを使うよさを実感できるようにします。

第9時　155

第10時 わり算ビンゴをしよう

わり算の筆算(2)
わり算に関して成り立つ性質

●授業の概要

本時は，わり算に関して成り立つ性質について考えます。わり算に関して成り立つ性質とは，被除数と除数に同じ数をかけても，同じ数でわっても商が同じになることです。60÷20を，10を単位にして6÷2として答えを求めることは，第2時で学習しています。ここでは，その学習を生かしてわり算の性質が成り立つ理由を考えさせ，第11時のわり算の性質を使った計算につないでいきます。

●ねらい

わり算に関して成り立つ性質を理解することができるようにする。

●評価

■わり算に関して成り立つ性質を理解している。

わり算ビンゴをしよう

たてか横かななめに答えが一列にそろえば勝ち
式はA～ｌのカードの裏に書いておく

A 600÷2	B 6÷2	C 600÷20
D 6000÷2	E 60÷20	F 60÷2
G 6000÷20	H 600÷200	I 6000÷200

教師対子どもで，交代で1枚ずつめくる。
勝ち負けだけでなく，600÷200と60÷20の答えが6÷2と同じになることについて気づきやつぶやきを拾い上げる。

ペア

❶わり算ビンゴをする

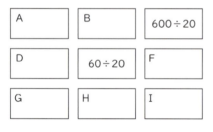

次は，答えが3か，30になる式が出ないかな！

導入ではわり算ビンゴを通して，いくつかのわり算を計算していきながら，商が同じになるときの式を見つけていきます。教師対子どもでゲームをすることで楽しい導入になるようにします。

勝ち負けだけではなく，商を意識したつぶやきを丁寧に拾っていきます。

❷商が3になるときの気づきを出し合う

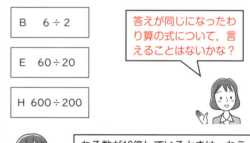

答えが同じになったわり算の式について，言えることはないかな？

わる数が10倍しているときは，わられる数も10倍になっています。

商が同じになるときの式に成り立つきまりをペアで話し合いながら気づかせていくようにします。10倍，100倍になっていることに気づいても，10でわる，100でわる，などに気づきにくいときは，かけ算と逆の矢印を手がかりに考えさせていくようにします。

準備物
・ビンゴのカード（提示用）
・1円玉，10円玉，100円玉の模型（提示用）

対話的な学び

グループ学習

ペア学習

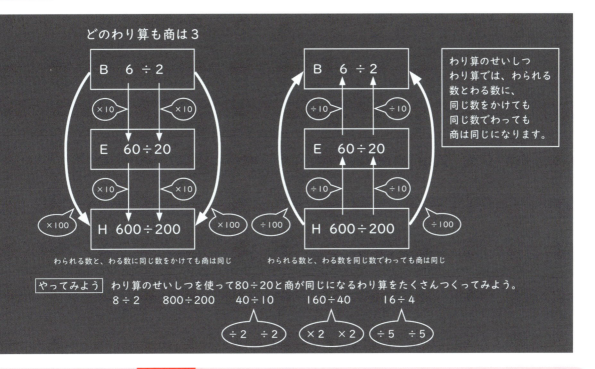

❸きまりが成り立つ理由を考える

❹80÷20と商が同じ式をつくる

わり算の性質が成り立つ理由を考える際は，第2時を振り返り模擬貨幣を使って考えるようにします。
60÷20は，10を基にして考えると，「10が6つを2つずつ分けると3個分」というように考えていきます。

わり算に関して成り立つ性質をまとめたら，その性質を使って80÷20と商が同じになるわり算の式をつくっていきます。
例えば，被除数と除数を2でわると，40÷10になって，計算しやすくなります。それに気づいた子どもたちのつぶやきを大切に拾い，第11時の学習につないでいきます。

第10時 157

第11時 わり算の筆算(2) わり算のせいしつを使って考えよう
わり算の性質を活用した計算の工夫

●授業の概要
　本時は，前時で学習した「わり算に関して成り立つ性質」を活用した計算の工夫を考えます。第9時で25のわり算について考えました。ここでは，わる数が250のとき，わり算の性質を使うことで簡単に計算できたり，暗算で答えを導くことができたりすることを指導します。学んだことを進んで生活や学習に用いる態度も，この学習ではぐくむことができるようにします。

●ねらい
　わり算に関して成り立つ性質を活用して，工夫して計算することができるようにする。

●評価
■わり算の性質を活用して計算ができるようにする。

わり算のせいしつを使って考えよう

計算を工夫しよう

□÷25＝？
・□が50だと答えは2
・25mプールを2回泳げば50m
・□が100だと答えは100÷25＝4
・25×4＝100

□□00÷250＝？
・1000÷250＝4
・250×4＝1000

---

❶ □÷25，□□00÷250について考える

□÷25＝？　　□□00÷250＝？

□にどんな数字を入れてみたいですか？

100を入れてみたい。25×4＝100だから。

　6500÷250という式を出す前に25や250でわり算をすることについて□を使って想像してみます。□÷25について，プールの長さを想像した子どもがいたら積極的に取り上げ，生活との結びつきを実感できるようにします。
　25×4という考えは，後の課題解決の手がかりとなるので，黒板に残しておきます。

❷ 6500÷250について考える　　グループ

わり算の性質が使えないかな？

10でわってみるといいんじゃない？

4をかけてみるのもいいね！

　グループで学び合うことで，よりよい解決方法を見いだしていけるようにします。「4をかける」ということの意味が捉えづらい子どもには，教師から説明するのではなく，子どもたちどうしで，どうしてそう考えたのかを話し合わせることで，理解できるようにします。

準備物

対話的な学び グループ学習 ペア学習

```
6500÷250＝？   むずかしそう        9000÷250＝？
              せいしつを
              使ってみたい        どの考えがかんたん？
                                  ・10でわる
                                  ・4かける
 6500 ÷250    6500 ÷250    6500 ÷250
 ↓÷10 ↓÷10   ↓÷10 ↓÷10   ↓×4   ↓×4      9000 ÷250
 650  ÷25     650  ÷25    26000÷1000     ↓÷10 ↓÷10
                                          900  ÷25
              ↓÷5  ↓÷5                    ↓×4  ↓×4
 650 ÷25＝26  130  ÷5        答え 26      3600 ÷100
     答え 26     答え 26                       答え 36
```

・10でわって筆算　・10でわったあと　・250に4をかけて
　　　　　　　　　　5でわって筆算　　1000をつくる
　　　　　　　　　　　　　　　　　　・計算しやすい

わり算のせいしつを使うと
かんたんに計算できます。
25や250は4をかけると
計算しやすくなります。

グループごとの考えを並列に提示する

❸グループごとの解き方について考える　❹9000÷250について考える

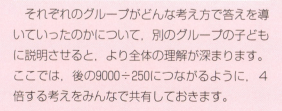

　それぞれのグループがどんな考え方で答えを導いていったのかについて，別のグループの子どもに説明させると，より全体の理解が深まります。ここでは，後の9000÷250につながるように，4倍する考えをみんなで共有しておきます。

　問題を解く前に，どの考えが簡単に解けそうか，解決の見通しをもたせ，見通しをもった子どもから解かせていくようにします。ヒントがほしい子どもには，板書に残した考え方などを手がかりにして，どの子にもわり算の性質を使うよさが実感できるように指導します。

第12時 わり算の筆算(2)
学習のたしかめをしよう
学習内容の確認

●授業の概要
本時は，2桁でわるわり算の筆算の学習内容の理解を確認します。ここでは，ダウトを探して，間違いとその理由を考えることで，これまでの学習を，対話を通して振り返ることができるようにします。整数÷小数，小数÷小数の学習につながるようにわり算の性質を使った問題をしっかり復習しておくようにします。

●ねらい
学習内容の理解を確認し，単元の学びを振り返る。

●評価
■学習内容や，自己の学びを進んで振り返ろうとしている。

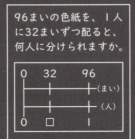
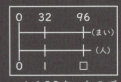

グループ

❶ダウトを探す

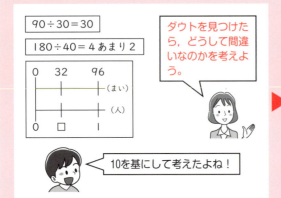

ダウト探しの形で復習問題を扱います。ダウトを見つけたら，どうしてそれが間違いなのか，グループで理由を考えさせるようにします。子どもどうしの対話を通して学習を振り返ることで，理解を深められるようにします。

グループ

❷わり算の性質について振り返る

ここでもグループで協働学習をします。子どもどうしの対話を手がかりに，理解を補ったり深めたりできるようにします。4年生の整数÷小数の単元や，5年生の小数÷小数の単元など，わり算に関して成り立つ性質を使って問題を解決する学習があるので，ここで確実に身につけさせておくようにします。

160 わり算の筆算(2)

準備物	・0〜9の数カード（提示用）	対話的な学び		
			グループ学習	ペア学習

板書例

間違いの理由を整理する
- 2が百の位に書いてある。
- 商の2は十の位なので4の上に書く。

```
     2 7
34)9 4 5
   6 8
   2 6 5
   2 3 8
       2 7
```

商が2けたになるカードをさがそう。

26)2□5

商が1けた…十の位に商が立たない
商が2けた…十の位に商が立つ

0 1 2 3 4 5 6 7 8 9
商が1けた……0 1 2 3 4 5
商が2けた……6 7 8 9

```
9000 ÷ 25
 ↓÷10  ↓×4
 900  ÷100
       答え 9
```

- わられる数とわる数どちらにも同じ数をかける。
- わられる数とわる数どちらも同じ数でわる。

□にあてはまる数を考えよう。

64÷8 = □ ÷40
□ ÷9 = 15÷3
32÷ □ = 128÷16

---

❸ 商が2桁になるカードを探す

商が2けたになるカードをさがそう。

26)2□5

商が2桁になるって、どういうことかな？

商が1桁は十の位に商が立たなくて、商が2桁は十の位に商が立つということです。

「商が2桁になる」という言葉から，問題の意味の理解につまずく子どもがいます。そこで，解決させる前に，問題の意味の理解を全体でそろえておきます。「商が2桁になるって，どういうことかな？」と問いかけることで，子どもたちどうしで解決の糸口を見つけられるようにします。

❹ 練習問題を解き，学習を振り返る

□にあてはまる数を考えよう。

64÷8 = □ ÷40
□ ÷9 = 15÷3
32÷ □ = 128÷16

筆算の仕方やわり算の性質など，たくさんのことを学びましたね。学習の振り返りを書こう。

わり算の性質を使った問題など，練習問題を解かせたら，板書をもう一度見返して学習の振り返りをします。「もっと大きな数のわり算をしてみたい」「小数もわり算ができるのかな？」など，子どもたちの学びに向かう積極的な態度が見られたら全体で共有したうえで，本単元の学習を終えるようにします。

第12時　161

第9時のワークシート

年　　　組　　　名前

25でわるわり算のひみつをさぐろう。

$25\overline{)□25}$ 　　□に入る数… 　1　2　3　4　5

1　□に1〜5の数をあてはめて，筆算をしよう。

$25\overline{)125}$

$25\overline{)225}$

$25\overline{)325}$

$25\overline{)425}$

$25\overline{)525}$

$25\overline{)}$

2　□に1〜5を入れて計算したときの商を見て，気づいたことを書こう。

3　□に7を入れたときの商を予想してみよう。

4　725÷25を筆算で求めよう。

162　わり算の筆算(2)

第12時のワークシート

年　　　組　　　名前

ダウトを探せ！　2けたでわるわりざんの筆算

1　次の計算や図のまちがいを見つけよう。

| 90÷30＝30 | 180÷40＝4あまり2 |

96まいの色紙を，1人に32まいずつ配ると，何人に分けられますか。

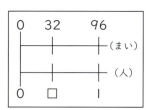

```
      2 7
3 4 ) 9 4 5
      6 8
      2 6 5
      2 3 8
          2 7
```

9000÷25
↓÷10　↓×4
900　÷100

答え　9

2　商が2けたになるカードをさがそう。

①②③④⑤⑥⑦⑧⑨

26)2□5

3　□にあてはまる数を考えよう。

64÷8＝□÷40

□÷9＝15÷3

32÷□＝128÷16

商が1けた…
商が2けた…

4　学習のふりかえりを書こう。

全8時間

がい数

1 単元の目標と評価規準

　がい数の意味やがい数にする方法について理解し，目的に応じて，がい数を用いたり四則計算をがい数で見積もったりすることができるようにする。

知識・技能	がい数の表し方について理解している。 目的に応じて四則計算の結果の見積もりをすることができる。
思考・判断・表現	日常の事象における場面に着目し，目的に合った数の処理の仕方を考え，表現している。
主体的に学習に取り組む態度	がい数を用いることのよさに気づき，生活や学習でがい数や四則計算の見積もりを用いようとしている。

2 単元の概要

(1)教材観・指導観

　本単元は，がい数の意味を理解し，数を手際よく捉えたり処理したりすることができるようにするとともに，場面の意味に着目して数の捉え方を考え，目的に応じてがい数を用いることができるようにすることを主なねらいとしています。そこでまず，がい数を用いると数の大きさが捉えやすくなることや，物事の判断や処理が容易になること，見通しを立てやすくなることなどのよさについて指導します。次に，目的に応じてがい数で事象を把握しようとするとともに，除法の商の処理や，グラフをかく際に目盛りの単位に数を合わせる場合など，数を用いた判断や考察に生かしていく指導をします。

　指導にあたっては，がい数が使われる場面について，そのよさや使われ方を考えていく過程において，子ども自らが線分図や言葉で説明したり，友だちと意見交換したりする場を設定することで，思考力・判断力・表現力等の育成を図ります。

(2)数学的活動について

　本単元では，実際の生活場面を想定して，目的に応じてがい数を用いたり，物事の判断や処理にがい数を利用したりするなどの活動を多く設定します。

また，自分の考えを線分図などを使って説明する場面を意図的に設定し，数をがい数で捉え，判断や処理に利用するよさなどを問いながら理解を深めさせていきます。

3　単元の指導計画（全8時間）

節	時	学習活動
がい数の表し方	1	・がい数の表し方を考える。
	2	・四捨五入を使ったがい数の表し方を考える。
	3	・一万の位までのがい数の表し方を考える。
	4	・上から1桁のがい数の表し方を考える。
	5	・がい数の範囲や，以上，未満，以下の言葉の意味を捉える。
	6	・がい数に表し，棒グラフをかく。
がい数の計算	7	・和や差をがい数で求めるときとその計算の仕方を考える。
	8	・積や商をがい数で求めるときとその計算の仕方を考える。

単元について　165

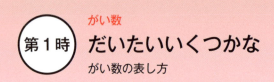

第1時 だいたいいくつかな
がい数
がい数の表し方

● 授業の概要

　まず，「だいたいいくつ」とみることで「がい数」についてイメージをつかませます。
　野球場などをイメージし，生活経験の中から「およそ」「だいたい」のように使われている数の言い方を手がかりにして，がい数の考え方を引き出します。「細かい」「だいたいで伝わる」といった言葉を基に近い数での表し方を考えます。

● ねらい

　およその数の使われ方を知り，がい数の表し方を理解することができるようにする。

● 評価

■ がい数に関心をもち，約○○とみた方が伝わりやすく，大きさを捉えやすい場合があることを理解している。

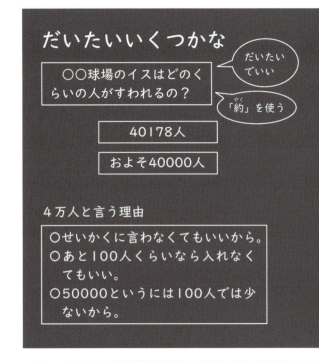

❶ 生活場面で「だいたい」を使う場面を考える

　授業の最初に，大きな数を表すときに「だいたい」をつけておよその数を伝える生活場面での経験を取り上げます。
　一の位まで数字をあげて発表するのは大変だという経験から，「だいたい」「たぶん」などの言葉で表現したり，一万の単位で簡単にして言ったりするなど，がい数についてのイメージをそろえるようにします。

❷ およそ4万について表し方を考える

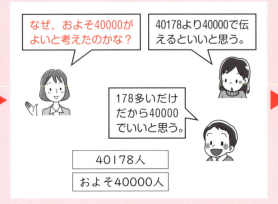

　40000と伝える方がよいと考えた理由を説明します。ペアで話し合いをする時間を取り，相手に伝える活動を行います。このとき，どの位の数字に注目して考えたのかを理由として話すように言葉かけしておくと，理解が遅れがちな子どもが話しやすくなるでしょう。

| 準備物 | ・0〜9の数カード（児童用） | 対話的な学び | グループ学習 | ペア学習 |

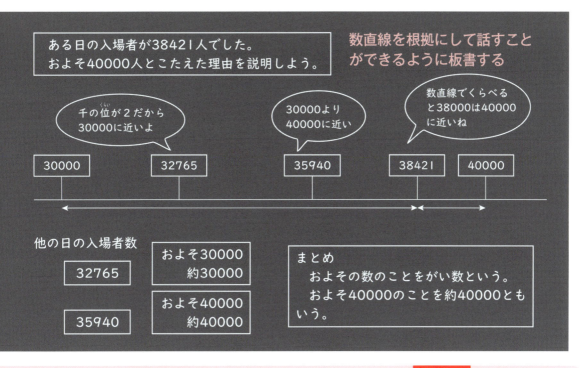

❸ 他の日の入場者数の表し方を考える

千の位に注意すると3万と4万どっちがいいかな？

38421は千の位が8だから4万に近いね。

38421 ⇒ およそ 40000
32765 ⇒ およそ 30000
35940 ⇒ およそ 40000

　千の位の数を手がかりに，40000にしたらよいのか，30000にしたらよいのかを考えていきます。
　数を数直線に並べて確かめていくと，38000のときはおよそ40000と表した方がよいことに気づきます。また，他の数についても数直線に並べることで考えていきます。

❹ カードをめくり「約何万」を唱える

ペア

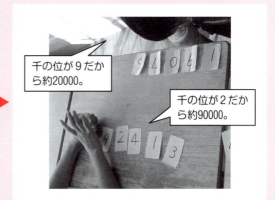

千の位が9だから約20000。

千の位が2だから約90000。

　0〜9までの数が書かれたカードを一人ひとりに配ります。ペアになって，5枚ずつカードを裏返して置き，一の位（右側）からカードを開いていき，およそ何万までのがい数にしたときに，「約何万」をお互いに声に出して言います。何度も練習しながら，何万かわからない数が出たときは，記録しておくように言葉かけして，次時につなぐのがポイントです。

第1時　167

第2時 がい数にする方法を考えよう
四捨五入の表し方

● **授業の概要**

まず、「だいたいいくら」とみることで「がい数」にする方法を考えます。

次に、1273と1834という数を提示し、生活経験の中から「およそ」「だいたい」のように使われている言葉を手がかりにして真ん中の1500より大きいか小さいかという考え方を引き出し、四捨五入の仕方を考えます。

● **ねらい**

四捨五入の仕方とその範囲について理解することができるようにする。

● **評価**

■ がい数に関心をもち、四捨五入の仕方やその範囲について理解している。

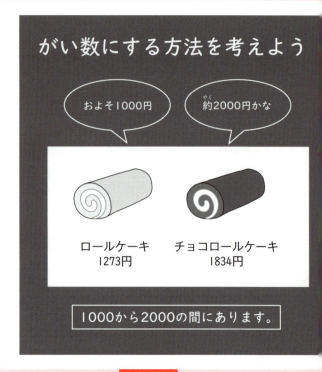

❶ 「およそ」を使って考える

❷ 他の数で考える

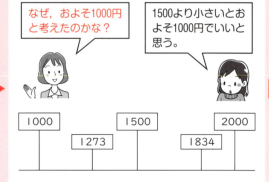

授業の最初に、「人に伝えるとき」という生活場面での経験を取り上げ「およそ」「約」の言葉の使われ方について押さえます。

一の位まで数字を覚えるのは大変だという経験から、下の位の方を省略して表現した経験を出し合い、子どもたちがい数についてのイメージをそろえるようにしましょう。

いくつかの数について、約1000円なのか、約2000円なのかを考えて理由をペアで話し合います。数直線などを手がかりにして相手に伝わりやすい説明にするよう促します。

このとき、1500が真ん中にあることを意識して説明している子どもの考えを取り上げるようにします。

準備物
・ケーキのイラスト（提示用）
・数字カード（提示用）
・0～9の数カード（児童用）

対話的な学び

 グループ学習
 ペア学習

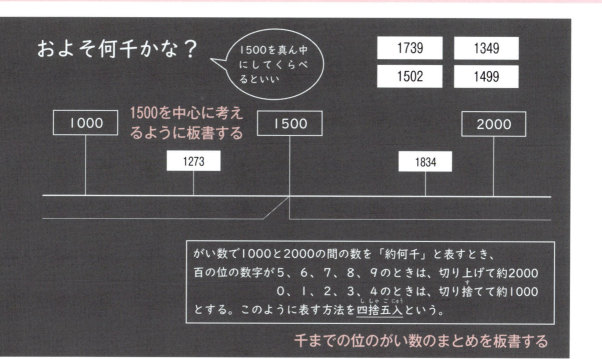

❸どこで2000になるかを考える

百の位に注意すると、どこで2000にしたらいいかな？

1700だったら	およそ	2000
1600だったら	およそ	2000
1500だったら	およそ	□
1400だったら	およそ	1000
1300だったら	およそ	1000

百の位の数を手がかりに、がい数にして並べていくときに、どの数で1000から2000にしたらよいのか考えます。数直線で長さを基にして数を並べて確かめていくと、1500のときにどちらか迷うことになりますが、1000からかぞえることで、2000にした方がよいことに気づかせることができます。

❹ゲームで確かめをする

グループ

4500が真ん中だから、四捨五入して約5000です。

グループになり、全員に0～9までの数が書かれたカードを配ります。その中から、4枚ずつカードを裏返して、右から（一の位から）開いていきます。百の位を開いておよそ何千にしたときに、大きい数になった方が勝ちというルールで対戦します。何度も対戦しながら、お互いにがい数と四捨五入について確認させるようにします。前時に記録した数も、ここで確認します。

第2時 169

第3時 何万さつと言えばいいのかな
がい数
一万の位までのがい数

● 授業の概要

前時までに，がい数の表し方について学習してきました。ここでは，四捨五入によって約何万と表すことができるようにします。
何の位に目をつけて四捨五入するとよいのかを確かめながら，一万の位までのがい数にする仕方を考えていきます。

● ねらい

四捨五入を使って一万の位までのがい数にする仕方を考えることができるようにする。

● 評価

■一万の位までのがい数にして表すことができる。

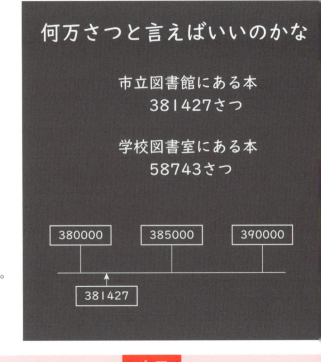

ペア

❶ 何万冊かを考える

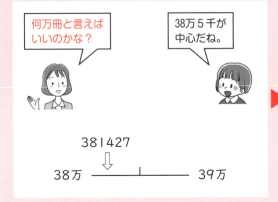

四捨五入で一万の位までのがい数にする仕方を順を追って考えていきます。まず，「何万冊と言えばいいのかな？」と尋ね，381427を1万の位までのがい数にする方法について考えさせます。
385000を中心に，381427は数直線を用いて，380000に近いことを確認して考えさせるところがポイントです。

❷ 四捨五入して考える

四捨五入で一万の位までのがい数にする場合は，千の位を四捨五入して考えるようにします。
前時の学習から「5000より小さいから，千の位は切り捨てです」という発言を子どもから引き出すことが大切です。また，子どもの「一万の位の1つ前の位でします」という発言も大事にします。

170　がい数

準備物	対話的な学び	
	グループ学習	ペア学習

がい数で何万さつと表そう。
何の位で四捨五入すればいいのかな。

一万の位までのがい数の仕方をまとめる

> 四捨五入して一万の位までのがい数にするには、千の位で四捨五入する。

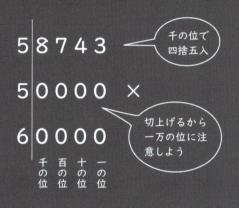

58743を四捨五入して一万の位までのがい数にするには、千の位で四捨五入します。

ペア

❸一万の位までのがい数の表し方をまとめる

「□が5以上だったらどうかな？」
「1つ前の位を四捨五入するといいね！」

38□427

> 四捨五入して一万の位までのがい数にするには、千の位で四捨五入する。

ここでは、切り捨ての場合だけでなく、切り上げの場合にも対応できるように練習をします。千の位の数を5以上の数に置き換えて考えさせます。ノートに書きながら四捨五入の手順をペアで確認して学習を深めさせていきます。

ペア

❹他の数で四捨五入を考える

「50000でいいのかな？」
「5以上は切り上げるから60000と表します。」

5⃣8743 → 50000 ×
　　　　　　 60000 ○

一万の位までのがい数にする練習をしていきます。まず、間違えた解答の例を提示して、その理由を話し合わせます。ペアで話し合い、確認しながら四捨五入についての理解を深めるのがポイントです。繰り返し問題を解くことで、一万の位までのがい数にする仕方を習熟させていきます。

第3時　171

第4時 上から1けたのがい数で表そう
上から1桁のがい数の表し方

●授業の概要
まず，一万の位までのがい数と，上から1桁のがい数を比較します。このとき，2つの表し方の特徴を考えます。次に，上から1桁のがい数で表す方法を考えます。表し方の違いや四捨五入する位の違いがわかるようにします。そうすることで，もとの数の桁数によって四捨五入する位が決まるという考え方に気づくようにしていきます。

●ねらい
上から1桁のがい数にする方法を考え，その表し方を理解することができるようにする。

●評価
■上から1桁のがい数で表すことができ，その仕方や表し方を説明している。

上から1けたのがい数で表そう

市立図書館にある本
　381427さつ

学校図書室にある本
　58743さつ

がい数で表そう
約400000　　約60000
○一番上の位にだけ数がある

約380000　　約60000
○上から2けたの数と上から1けたの数がある
○一万の位までのがい数になっている

---

❶2組のがい数を比べる

「一番上の位だけのがい数です。」

「上から2桁の数と上から1桁の数があるよ。」

約400000　　約60000
約380000　　約60000

授業の最初に，2組のがい数を比べます。約400000と約60000については，一番上の数だけのがい数になっているということを取り上げ，前時の学習と比べて，気づいたことを発表させていきます。

❷がい数にする方法を考える

ペア

「どこを四捨五入したらいいのかな？」

「上から1桁だから，上から2桁目を四捨五入します。」

3<u>8</u>1427 → 400000
5<u>8</u>743 →　60000

上から1桁のがい数に表す方法を考えます。前時の学習から，1つ小さい位を四捨五入することに気づかせます。また，上から2桁目を四捨五入することをペアで確認させます。このとき，2つの数の四捨五入した位が違っていることもしっかり確認しておきます。

172　がい数

準備物

対話的な学び グループ学習　ペア学習

```
381427 → 400000
 58743 →  60000
※上から2つめの位を四捨五入する
```

上から1桁のがい数での表し方を
まとめて板書する

まとめ
　四捨五入して、上から1けたのがい数にするには、上から2けための数を四捨五入する。
　もとの数のけた数によって四捨五入する位が決まる。

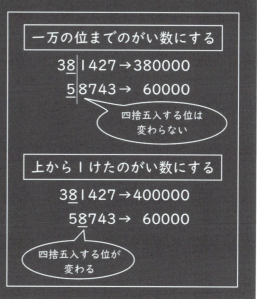

❸がい数の表し方をまとめる

上から1桁のがい数に表す方法をまとめよう。

はじめの位が1桁だから，2つ目の位を四捨五入する。

```
３８１４２７
│ │
１ ２
桁 桁
```

　ここでは，上から2つ目の位を「上から2桁」と言うことを押さえておきます。同様に「はじめの位」のことを「上から1桁」と言うことも押さえておきます。そうすることで，「上から1桁のがい数にするには，上から2桁目の数を四捨五入する」という言い方でまとめることができるようにします。

❹がい数の表し方を比べる

```
  381427
→380000（一万の位）
 400000（上から1桁）
 380000（上から2桁）
```

上から1桁のがい数は，上から2桁目を四捨五入だね。

　がい数の表し方には2通りあることを板書でまとめます。それぞれのがい数の仕方でポイントになるところを押さえながら比較することで違いを確認します。また，同じ数になることがあることも同時に確認します。上から1桁のがい数で表すときは0以外の数が1つしかないことがわかると，2つのがい数を使いこなすことができるようになります。

第4時　173

第5時 約500のはんいを考えよう
がい数
四捨五入によるがい数の範囲

●授業の概要

前時までに，がい数の表し方について学習してきました。ここでは，四捨五入によって表されたがい数の範囲を確かめます。また，「以上」「未満」「以下」の言葉を知り，がい数の表す範囲を考えることができるようにしていきます。

●ねらい

四捨五入して表したがい数の範囲について考え，表すことができるようにする。

●評価

■四捨五入でがい数にした数の表す範囲を理解している。

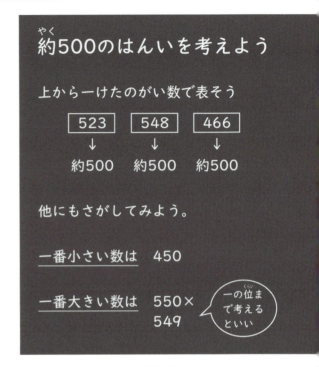

❶前時を振り返る

四捨五入して上から1桁のがい数にしたときに500になる数を集めて前時までを振り返ります。「1つ前の位を四捨五入する」「1つ前の位の数の大きさが関係している」ということを押さえます。

❷約500の範囲を考える　ペア

約500になる数を大きい順に並べたものを見て，一番大きい数と一番小さい数を考えます。ペアやグループで出てきた数を合わせてみることで，数の並びが見えて考えやすくなり，「上から2つ目の数」の変化によって決まることに気づかせます。数直線などで範囲を示しておくと視覚的に捉えやすくなります。

準備物	・1〜9の数カード（児童用）	対話的な学び		
			 グループ学習	ペア学習

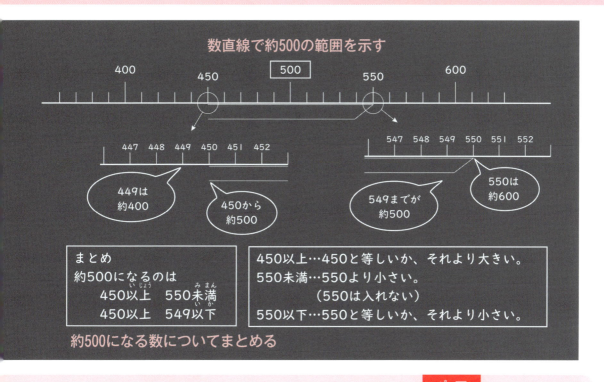

❸ 以上，以下，未満を使って表す

以上，以下，未満の言葉の意味を数値と合わせながら理解させていきます。このとき，一の位の数についても考えるようにします。450や550のところについて，一の位まで詳しくみることで約500になる一番大きい数や一番小さい数が正しいかどうかを確かめるようにします。

❹ ゲームで確かめをする

ペアで，約□00になる範囲を考えます。出題者は1〜9までの数カードから1枚引き，□に数を当てはめます。

小さい方の答えは，未満，以下それぞれの表し方で書かせ，違いをもう一度確認させます。そうすることで，使い慣れていない以下や未満の言葉の意味がしっかり定着します。

第5時 175

第6時 がい数を使おう
がい数／がい数の利用

●授業の概要
まず，がい数が使われる場面を考えることで，生活の中でのがい数の使われ方についてイメージをつかませます。次に，都道府県の人口の表を提示し，グラフと比べながら何の位までのがい数にすればよいのかを考えさせます。そうすることでグラフがかきやすくなるという，がい数のよさを考えることができるようになります。

●ねらい
がい数を使って棒グラフをかかせ，がい数のよさを実感できるようにする。

●評価
■がい数の使われ方を知り，そのよさを実感している。
■がい数を棒グラフに表すことができる。

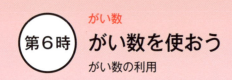

❶ グラフの目盛りを見て考える

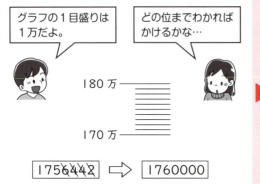

授業の最初に，四捨五入について振り返り，グラフと関連する数字をどの位までのがい数にするのか考えます。

提示されたグラフに書いてある十万の位までのがい数にするのか，細かい目盛りの一万の位までのがい数にするのかを理由をつけて説明させるようにします。

❷ どの位までのがい数にするとよいかを考える

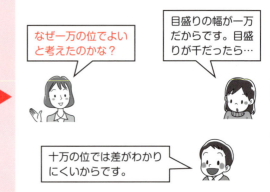

1万の位がよいと考えた理由を考えます。ペアで話し合いをする時間を取り，数直線などを手がかりにして相手に伝える活動を行います。このとき，どの位の数字に注目して考えたのかを理由として話すように言葉かけすると，理解の遅れがちな子どもも話しやすくなるでしょう。

準備物
・人口の表（提示用）
・グラフ用紙（提示用，児童用）
・ウェブページ閲覧用のICT機器（児童用）

対話的な学び

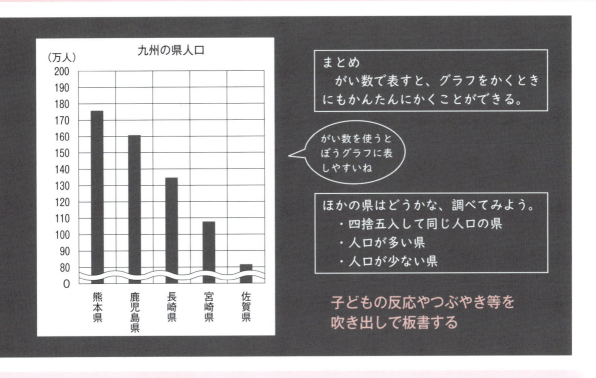

❸一万の位までのがい数で表し，棒グラフをかく

「同じ九州でも，県によって人口がかなり違うね。」

「目盛りの読み方に注意しよう。」

表で取り上げられている県の人口を四捨五入して一万の位までのがい数で表し，棒グラフにしていきます。

そのときに子どもが気づいたことも板書に残し，後で大きな数をグラフを使って表すことのよさについても振り返りができるようにしておきます。

❹他の人口をがい数で表し，棒グラフをかく

「グラフにするときには，簡単な数（がい数）にするとわかりやすいね。」

最後に，他の都道府県の人口も調べてがい数で表し，棒グラフをかきます。棒グラフをかくと，棒の長さで数のおおよその大きさを表すことができるというよさにも気づくことができるようにしていきます。

第6時　177

第7時 がい数
千の位までのがい数にしよう
がい算による和・差の見積もり

●授業の概要
　ここまでは，がい数のつくり方やその使われ方について学習しました。本時では，がい数を使って見積もりをする「がい算」についてその利用の仕方を考えます。だいたいの大きさを見積もるときにはがい算が便利だという考え方を引き出します。

●ねらい
　和や差の答えをがい数で求める計算を工夫して，説明することができるようにする。

●評価
■はじめにがい数にしてから計算するよさに気づいている。
■ゲームを通してがい算をすることができる。

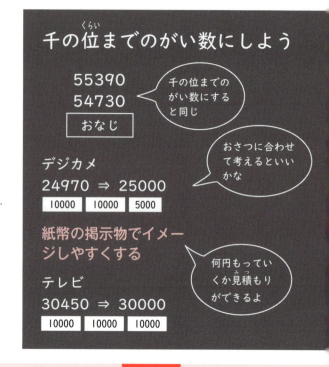

ペア

❶がい数の表し方とよさを振り返る
　授業の最初に，これまでの学習を振り返って，「がい数で表すとぱっと大きさを考えることができる」ということを押さえ，この後2通りの方法を検討するときの手がかりになるようにします。一度計算してからがい数にする方法と，がい数にしてから計算する方法について，計算する前の意見を出し合い，見通しをもたせます。

❷どちらが便利か考える

　加法において，一度計算してから和を四捨五入する方法と，最初にがい数にしてから計算する方法の2通りを提示します。
　最初にがい数にして計算するよさに気づくように，2つのやり方を比較しながら考えさせるようにします。

| 準備物 | ・紙幣の掲示物（提示用）
・5〜8桁の数が書かれたカード（児童用） | 対話的な学び | グループ学習 | ペア学習 |

2通りの解決方法を示す

工夫して計算しよう。

$$30450 + 24970 = 55\overset{55000}{\underset{}{420}}$$

$$30000 + 25000 = 55000$$

$$30450 - 24970 = 5\overset{5000}{\underset{}{480}}$$

$$30000 - 25000 = 5000$$

何万何千円と言えばよいでしょう。

$24647 - 8843 = \boxed{}$

$25000 - 9000 = \boxed{}$

千の位までだせばいい

がい数にして計算することをがい算という。

（吹き出し）百の位を四捨五入して計算すると答えも千の位までになるね

ペア

❸ひき算の場合を考える

（吹き出し）ひき算でもやってみよう！
（吹き出し）ひき算でも同じことが言えるかな…

$$30450 - 24970 = 5\overset{5000}{\underset{}{480}}$$

$$30000 - 25000 = 5000$$

今度は，ひき算の問題を提示し，計算の仕方を説明する活動を行います。ひき算でも，たし算のときと同じように2通りのやり方からよさを確かめながら計算することで，生活の場面との関連を図っていきます。また，「がい算」という言葉にもここで触れておきます。

❸ゲームで「がい算」をする

（吹き出し）がい算すると計算が速いね！／まず，がい数にするんだね。

ペアに5〜8桁の様々な数が書かれたカードを配ります。そして，カードを裏返してそれぞれ2枚めくり，和や差のがい算で数の大きさを比べるゲームをします。このとき，桁や位でがい数の条件をつけることで，求める桁や位の大きさではじめからがい数にしておくと計算が簡単になることを確認します。

第7時　179

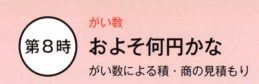

第8時 およそ何円かな
がい数
がい数による積・商の見積もり

●授業の概要
前時に，和・差についてがい数で見積もりをする計算（がい算）について学習しました。本時では，積・商について考えます。前時のようにがい数を用いて計算（がい算）することで，和や差と同じように，だいたいの大きさを見積もることができるという考え方を引き出します。

●ねらい
がい数によるかけ算やわり算で見積もりをする活動を通して，見積もりのよさに気づくことができるようにする。

●評価
■生活場面において積や商の見積もりの仕方を説明している。
■積や商の見積もりの計算ができる。

およそ何円かな

100円のジュース 20人分	すぐわかる
1200円で買える 20人分のアイスのねだん	すぐわかる
420円のアイス 107人分	むずかしい
38743円のかし切りバス 42人で行くとき、1人いくら？	むずかしい

❶問題を捉える

生活場面を基にした値段を求める問題を4つ提示します。上の2つはそのまま簡単に計算できますが，下の2つはがい数を使って見積もることに適した場面であることを押さえます。

❷がい算の方法を考える

下の2つは，くわしく計算することもできるけれど，およそ何円になるのかがわかればよいという目的で考えます。正確に計算するのではなく，見積りをする方法として，がい数にして計算することは問題がないことを押さえておきます。

準備物	・問題を書いた模造紙（提示用）	対話的な学び	
		グループ学習	ペア学習

1人分420円のアイス
107人分でおよそ何円？

420×107＝44940
 ↓　　↓　　↓
400×100＝40000

およそ40000円

上から1けたのがい数にして計算すると、見積もりがかんたんにできる。

がい算のポイントを押さえる

38743円のかし切りバス
42人で行くとき、1人いくら？

38743÷42＝922…
 ↓　　↓　　↓
40000÷40＝1000

およそ1000円

「切り捨て」だと少なく見積もるときもある

切り上げ、切り捨てについて押さえる

---

❸がい算の仕方を説明する

見積るときに大切なことは？

どちらも上から1桁のがい数にすると便利だよ。

420×107
400×100＝40000

今度は，四捨五入を使って計算することを説明します。どちらも上から1桁のがい数で計算することで見積もりができることを確認します。また，どちらもがい数にして計算することをがい算と言い，よく使われていることも改めて確認します。

❹がい算の使い方の理解を深める

ペア

お金が足りないと困るよね。

足りなくなるときは切り上げるといいよ。

38743÷42
 ↓　　↓
40000÷40＝1000

ペアで，様々な見積もりを考え，発表させます。切り上げと切り捨ての場合を考えて，見積もりと実際の代金の差がどのくらいになるのかを計算して発表させるようにします。がい算の便利さや注意することもまとめることで，さらに理解を深めることができます。

第２時のワークシート

年　　　組　　　名前 _____

下の問題を読んで答えましょう。

ロールケーキ
1273円

チョコロールケーキ
1834円

1　2つのロールケーキの値だんは，何千円から何千円の間にありますか。

から

2　それぞれおよそ何千円といえますか。

ロールケーキ	チョコロールケーキ
1273円	1834円
およそ　　　　　円	およそ　　　　　円

3　下の数を数直線に表すと，およそ何千といえますか。

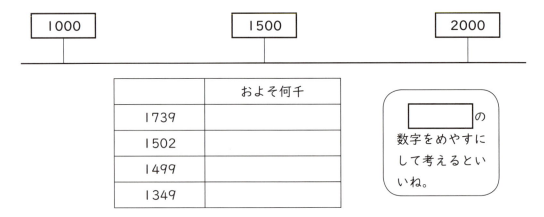

	およそ何千
1739	
1502	
1499	
1349	

☐の数字をめやすにして考えるといいね。

4　上の表を見て，わかること，気づいたことを書きましょう。

第6時のワークシート

年 　　　組 　　　名前

各県の人口を四捨五入して一万の位までのがい数で表し，ぼうグラフをかきましょう。

都道府県	人口（人）	一万の位までの がい数	都道府県	人口（人）
熊本県	1765442			
鹿児島県	1613969			
長崎県	1351249			
宮崎県	1079727			
佐賀県	819110			

他の都道府県も
調べてみよう

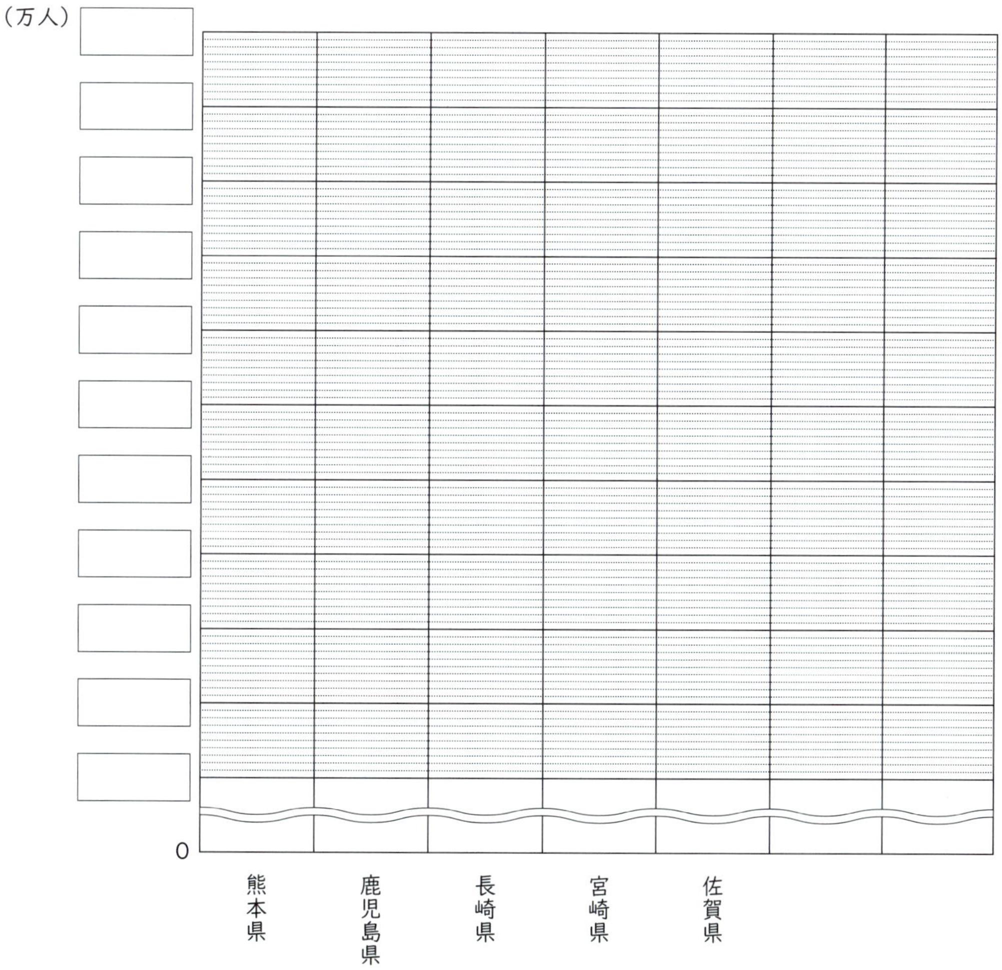

（万人）

0　　　熊本県　　　鹿児島県　　　長崎県　　　宮崎県　　　佐賀県

【編著者紹介】

宮本　博規（みやもと　ひろき）

1958年熊本県生まれ。元熊本市立田迎西小学校長（初代）。熊本市立小学校教諭，教頭，校長，熊本市教育センター指導主事，センター長を歴任。全国算数授業研究会理事，基幹学力研究会幹事を務め，熊本県では12年間に渡り熊本県と熊本市の算数教育研究会の事務局長を務める。
主な著書に，『スペシャリスト直伝！　算数科授業成功の極意』『算数学び合い授業スタートブック』『算数学び合い授業ステップアップブック』『算数学び合い授業パーフェクトブック』（いずれも明治図書）ほか。

緒方　裕（おがた　ひろし）
熊本市立龍田西小学校長

園田　耕久（そのだ　やすひさ）
熊本市立慶徳小学校教諭

【著者紹介】

熊本市算数教育研究会
（くまもとしさんすうきょういくけんきゅうかい）

【執筆者一覧】

宮本　博規（元熊本市立白川小学校長）
緒方　裕　（熊本市立龍田西小学校長）
本田　貴士（熊本市立小島小学校）
中村栄八郎（熊本県玉東町立山北小学校）
原口　行夫（熊本市立大江小学校）
阿部　一貴（熊本市立託麻東小学校）
山田光太郎（熊本市立日吉小学校）
園田　耕久（熊本市立慶徳小学校）
（以上執筆順）

板書＆イラストでよくわかる
365日の全授業　小学校算数　4年上

2020年3月初版第1刷刊　Ⓒ編著者　宮　本　博　規
　　　　　　　　　　　　　著　者　熊本市算数教育研究会
　　　　　　　　　　　　　発行者　藤　原　光　政
　　　　　　　　　　　　　発行所　明治図書出版株式会社
　　　　　　　　　　　　　　　　　http://www.meijitosho.co.jp
　　　　　　　　（企画・校正）明治図書出版教育書編集部
　　　　　　　〒114-0023　東京都北区滝野川7-46-1
　　　　　　　振替00160-5-151318　電話03(5907)6701
　　　　　　　　　　　　ご注文窓口　電話03(5907)6668

＊検印省略　　組版所　藤原印刷株式会社

本書の無断コピーは，著作権・出版権にふれます。ご注意ください。
ワークシートは，学校の授業過程での使用に限り複製することができます。

Printed in Japan　　　　　　　ISBN978-4-18-423418-5
もれなくクーポンがもらえる！読者アンケートはこちらから→